AF576280

HEIDEGGER

UNE PHILOSOPHIE DE LA PRÉSENCE

Ouverture philosophique

Collection dirigée par Aline Caillet, Dominique Chateau, Jean-Marc Lachaud et Bruno Péquignot

Une collection d'ouvrages qui se propose d'accueillir des travaux originaux sans exclusive d'écoles ou de thématiques.

Il s'agit de favoriser la confrontation de recherches et des réflexions qu'elles soient le fait de philosophes « professionnels » ou non. On n'y confondra donc pas la philosophie avec une discipline académique ; elle est réputée être le fait de tous ceux qu'habite la passion de penser, qu'ils soient professeurs de philosophie, spécialistes des sciences humaines, sociales ou naturelles, ou… polisseurs de verres de lunettes astronomiques.

Dernières parutions

Sophie ASTIER-VEZON, *Sartre et la peinture. Pour une redéfinition de l'analogon pictural*, 2013.
Jordi COROMINAS, Joan Albert VICENS, *Xavier Zubiri. La solitude sonore (Tome 2 1931-1940)*, 2013.
Mara Magda MAFTEI, *Cioran et le rêve d'une génération perdue,* 2013.
Lou FERREIRA, *Oscar Wilde. Une esthétique de la tragédie, tome 2*, 2013.
Lou FERREIRA, *Oscar Wilde. Une philosophie de la provocation, tome 1*, 2013.
Denise MODIGLIANI, *Fragments pour une poétique du discours historique*, 2013.
Alain MULLER, *Pensée dialogique et langage dans la philosophie de Franz Rosenzweig,* 2013.
Jean-Jacques BAILLY, *Éros et infini. Tome 1 : le monde, le sujet, le sens*, 2013
Jean-Jacques BAILLY, *Éros et infini. Tome 2 : le sens, le signe, l'éros du bien et du mal*, 2013.
Éléonord WILLOT, *Light-Shows psychédéliques de San Francisco. LSD, art & rock'n'roll*, 2013.
Michel YERMOLOFF, *Le Solitaire des Alpes ou la Vérité religieuse devant la Raison*, 2013.
José CUPIDO, *Metaphysica theoria*, 7 tomes, 2013.

JOËL BALAZUT

HEIDEGGER

UNE PHILOSOPHIE DE LA PRÉSENCE

5-7, rue de l'École-Polytechnique, 75005 Paris

http://www.librairieharmattan.com
diffusion.harmattan@wanadoo.fr
harmattan1@wanadoo.fr

ISBN : 978-2-343-01593-4
EAN : 9782343015934

Je vis déjà tout à fait dans le monde grec.

Martin Heidegger,

lettre à Medard Boss, du 1er avril 1963

Introduction

Heidegger aurait rejeté toute ontologie de la présence : telle est l'idée qui s'est peu à peu imposée chez les commentateurs. Or, il s'agit là du plus grand contresens qui puisse être fait sur sa pensée. En effet, l'entreprise philosophique de Heidegger, prise en vue en son évolution, constitue au contraire la reconquête progressive de l'ouverture originelle de l'homme à la présence englobante et incommensurable du monde qui a été recouverte par la *réduction* de celle-ci à une présence constante « sous les yeux » (à la *Vorhandenheit*), laquelle caractérise la métaphysique. « Être », compris en son sens originel, à partir du *verbe être*, veut dire *présence*. Dans *Acheminement vers la parole* Heidegger écrit en effet : « l'être même cela veut dire : la présence du présent, la venue en présence de ce qui vient en présence »[1]. Il écrit aussi dans *Le Principe de raison* : « L'ancien sens du mot

1. Martin Heidegger, *Acheminement vers la parole*, Paris, Gallimard, 1976, p. 115.

« être » désigne la pure et simple présence qui est sans pourquoi, dont tout dépend et sur laquelle tout repose »[2]. L'être est ainsi, comme il le dit dans *L'Origine de l'œuvre d'art*, cette présence «inlassable de ce qui est là pour rien » qui constitue l'omniprésence insondable du monde au sein duquel nous sommes jetés, lequel ne renvoyant à rien d'autre qu'à lui-même est le seul et unique monde. La différence ontologique est ainsi à la fois essentielle et cependant relative, dans la mesure où l'être et l'étant sont totalement solidaires. Nous établirons, en effet, en quoi et comment l'être, dans ce qui le différencie de l'étant, n'est rien d'autre que cette dimension de retrait, cette dimension insondable à laquelle puise la présence des étants en sa profusion, qui appartient *totalement* à celle-ci au sens où elle en constitue le cœur même. Et nous montrerons qu'il peut tout aussi bien être compris comme ce règne insondable de la présence dans l'*immanence* duquel se déploient les étants (les choses distinctes et organisées).

La poésie mythique (celle d'Hésiode par exemple) ainsi que la poésie-pensée grecque présocratique, avaient compris ce sens de l'être à travers le concept directeur de *Phusis*. Pour les Grecs, il est, en effet, un règne de

2. Martin Heidegger, *Le Principe de raison*, Paris, Gallimard, 1978, p. 266.

l'omniprésence de la Nature, qui est au-dessus des dieux eux-mêmes et qui se déploie, depuis toujours, de lui-même et en lui-même, à partir (et en direction) de son propre fond chaotique, de telle sorte qu'il épuise ainsi son sens à « être » (sans raison). Et il faut bien comprendre que le caractère insondable de la présence, bien loin d'introduire un manque en elle, est au contraire ce qui fait d'elle une plénitude surabondante. C'est l'ouverture à cela, et rien d'autre, qui caractérise la pensée de Parménide ainsi que l'avait bien compris Jean Beaufret. « La méditation de Parménide, écrit-il, est cette *panique de l'être* que n'épuise jamais nulle présence et dont la plénitude ne manque à nulle absence »[3].

L'ouverture fondamentale de l'homme à cette plénitude de présence insondable, que Heidegger nommera le *Da-sein* en l'homme, avait été comprise par les Tragiques Grecs. En effet, la tragédie dont le modèle est pour Heidegger l'*Antigone* de Sophocle, n'a pas ce sens négatif qu'on a vu en elle depuis Aristote, mais elle montre au contraire que l'homme se sent attiré et concerné par sa propre confusion avec la Nature (avec l'immédiat), laquelle n'est cependant qu'un aspect de son être (l'autre

3. Jean Beaufret, *Dialogue avec Heidegger*, T.1, Paris, Minuit, 1977, p. 49.

étant l'individuation) impossible à rejoindre sinon dans la mort. La tragédie donne son sens plein à « l'être-pour-la-mort » : elle montre que l'anticipation de la mort est ouverture à l'être (au fond informe de l'étant) avec lequel le *Dasein* se confond par un aspect dérobé de lui-même. Elle montre ainsi que l'homme est dans le tréfonds de son être ouvert à une *expérience limite* de la plénitude de la présence, qui le concerne et l'englobe, qui tend à le submerger, qu'il est donc en proie à une expérience de l'excès de la présence, laquelle constitue le sens originel de ce que les Grecs avaient nommés *Thaumazein*. Tel est en effet le sens de l'anecdote concernant Thalès, qui, subjugué et comme submergé par les *phénomènes* célestes, c'est-à-dire par le surgissement d'une surabondance stellaire, tomba dans un puits. Une telle ouverture à la plénitude de la présence est le sens grec originel de la beauté comme *Ekphanestaton*, que Platon ne reprendra dans le *Phèdre* que pour en détourner le sens. Le règne de la technique préparé par la métaphysique depuis Platon doit alors être compris comme constituant un effort pour *dénier* cette ouverture tragique à la présence, laquelle ne fait qu'un avec l'expérience de la finitude radicale propre à un « être-dans-le-monde ». Or, à travers cela il s'agit de la simple *illusion* de pouvoir arraisonner cette présence incommensurable, car l'effort pour capter les puissances chtoniennes de l'être, risque au contraire de libérer celles-ci de telle sorte qu'elles vont se déchaîner à travers l'homme subvertissant sa souveraineté apparente. Seule la poésie, qui ménage et préserve notre habitation de mortels au sein du règne de la présence peut nous sauver du péril ontologique qui se manifeste à travers la technique.

Si tel est bien le sens profond de la philosophie heideggérienne on comprend alors l'importance considérable accordée aux philosophes grecs présocratiques qui sont inlassablement commentés, et avec passion, tout au long de l'œuvre de Heidegger. Il s'agit bel et bien avec Heidegger d'un retour aux Grecs, non pour les répéter mais pour penser de manière radicale ce sens de l'être qu'ils n'ont fait *qu'entrevoir* pour l'oublier aussitôt en le réduisant à la *Vorhandenheit*, ce qui se produisit définitivement, d'abord chez Platon puis chez Aristote. Les Présocratiques sont ainsi compris comme ayant développé, nous le verrons, cette « phénoménologie de la présence » qu'il s'agit de regagner et qui constitue ce qu'Heidegger a appelé à la fin du *Séminaire de Zähringen* « le sens originaire de la phénoménologie »[4].

4. Martin Heidegger, *Op. cit.*, in *Questions IV*, Paris, Gallimard, 1976, p. 338.

Toutefois il est incontestable que cette signification profonde de la pensée heideggérienne n'apparait pas toujours clairement à la lecture de l'œuvre. Or, cela provient du fait que Heidegger lui-même ne l'assume pas pleinement, et même la renie parfois, à cause de l'inquiétude religieuse qui n'a jamais cessé de l'habiter *en même temps*, de manière ambigüe, en dépit de sa rupture avec le catholicisme. C'est pourquoi il lui arrive d'affirmer - par exemple dans les *Beiträge zur Philosophie* - contredisant ce qu'il écrit pourtant dans de nombreux autres textes, que la pensée de la *phusis* constitue déjà une ontologie de la présence constante (et non du « jeu » de la venue en présence en sa profusion et du retrait auquel elle puise). Il s'agirait alors de dépasser les Grecs eux-mêmes et de concevoir l' « Etre » (orthographié *Seyn*), comme cette pure « avancée d'absence » qui déclôt toute présence sans y être attachée, renvoyant de manière énigmatique à une transcendance divine[5]. Ainsi que Kostas Axelos l'a vu, à sa manière, la pensée de Heidegger est bel et bien une pensée *clivée* qui n'assume pas l'ontologie de la présence vers laquelle elle est cependant conduite. C'est pourquoi Heidegger affirme parfois qu'il faut dépasser les

---

5. Martin Heidegger, *Beiträge zur Philosophie*, GA 65, § 132, p. 251 et § 256, p. 409-410.

Grecs, penser d'une manière qui ne sera « plus du tout grecque »[6], alors même qu'il ne cesse, *au contraire*, de répéter dans d'autres textes qu'il s'agit seulement de s'approprier ce que les Grecs ont vu le temps d'un « éclair », ce qu'il ont bel et bien nommé, mais sans l'avoir suffisamment pensé et qui est donc demeuré en partie (mais en partie seulement) impensé chez eux[7]. Il peut donc écrire dans *Acheminement vers la parole* : « notre pensée d'aujourd'hui a pour tâche de prendre ce qui a été pensé de façon grecque pour le penser de manière encore plus grecque »[8]. Et c'est pourquoi de manière très cohérente Heidegger affirmera dans la conférence *Qu'est-ce que la philosophie ?* que Héraclite et Parménide n'étaient pas encore philosophes (c'est-à-dire en quête de l'être), mais bien « les plus grands penseurs » parce qu'ils étaient « en grâce » de l'être, ouverts à son sens originel[9]. C'est ce clivage qui explique le caractère exceptionnellement prolifique de l'œuvre qui n'en finit pas de se débattre dans ses contradictions, ne pouvant

6. Martin Heidegger, *Les Séminaires du Thor*, in *Questions* IV, Paris, Gallimard, 1976, p. 302.
7. Martin Heidegger, *Logos*, in *Essais et conférences*, Paris, Gallimard, 1976, p. 277. Cf. aussi, *La provenance de l'art et la destination de la pensée*, in *L'Herne, Martin Heidegger*, 1983, p. 90.
8. *Op. cit.,* p. 125.
9. Martin Heidegger, *Qu'est-ce que la philosophie ?* in *Questions II*, Paris, Gallimard, 1977, p. 23.

assumer pleinement ce qu'elle ne cesse pourtant de développer. Et c'est ce clivage qui a induit en erreur les commentateurs d'aujourd'hui, lesquels sont conduits à privilégier de manière exorbitante certains textes comme la conférence *Temps et être* et les *Beiträge* et à minimiser l'importance considérable des Grecs pour Heidegger.

Nous allons donc essayer d'exhiber ce qui nous paraît être le sens profond, mais cependant en partie impensé, de la philosophie de Heidegger comme ontologie de la présence. Nous montrerons qu'il faut faire une lecture continuiste de sa pensée qui ne cesse d'approfondir un thème qui est cependant là dès le début, conformément à ce que préconise la *Lettre à Richardson*, laquelle affirme bel et bien que « Heidegger I ne devient possible qu'à partir de Heidegger II »[10]. C'est pourquoi nous montrerons que dès les premières grandes œuvres entre 1927 et 1929 cette « phénoménologie de la présence », qui constitue le renversement de la phénoménologie husserlienne et la conquête du « sens originaire » de celle-ci, commence à se mettre en place en dépit de certaines difficultés et insuffisances.

---

10. Martin Heidegger, *Lettre à Richardson*, in *Questions IV*, p. 188.

Première partie

La conquête du sens originaire de la phénoménologie :

L'analytique du *Dasein* (1927-1929)

Dans le cadre de l'idéalisme propre à la phénoménologie telle que Husserl l'a fondée la méthode de la « réduction phénoménologique » (*Epoché*) consiste à rétrocéder en deçà de l'illusion caractéristique de l'attitude naturelle (celle du monde pré-donné), de manière à faire alors apparaître le monde comme simple *monde phénoménal* dépendant de l'intentionnalité d'une conscience constituante. C'est pourquoi Husserl peut écrire dans les *Méditations cartésiennes* que « le monde, dans l'attitude phénoménologique, n'est pas une existence, mais un simple phénomène »[11]. Or, voici ce que cela signifie : « Tout sens et tout être imaginable, qu'ils s'appellent immanents ou transcendants, font partie du domaine de la subjectivité transcendantale, en tant que constituant tout sens et tout être. Vouloir saisir l'univers de l'être vrai comme quelque chose qui se trouve en dehors de l'univers de la conscience, de la connaissance,

11. *Op. cit ;* Paris, Vrin, 1969, p. 27.

de l'évidence possibles, supposer que l'être et la conscience se rapportent l'un à l'autre d'une manière purement extérieure, en vertu d'une loi rigide, est absurde. Ils appartiennent essentiellement l'un à l'autre ; et ce qui est essentiellement lié est concrètement *un*, est *un* dans le concret unique et absolu de la subjectivité transcendantale »[12].

Le sens profond de la démarche de Heidegger va consister, dès ses premières grandes œuvres, à radicaliser et à renverser, *depuis l'intérieur,* cet idéalisme husserlien de manière à accéder à ce qu'il appellera plus tard « le sens originaire de la phénoménologie », lequel va envelopper une entente tout à fait nouvelle, totalement inouïe et enfin *originelle* de la notion de phénomène. Cela ne peut apparaître cependant que si l'on voit, *enfin* que le *Kantbuch* de 1929, *Kant et le problème de la métaphysique*, ne doit pas être lu, d'abord, comme un livre sur Kant (qui est d'ailleurs totalement « surinterprété »), mais bien plutôt comme le complément indispensable de *Sein und Zeit*, seul capable de donner tout son sens et sa porté à l'ouvrage inachevé de 1927. C'est en « surinterprétant » la *Critique de la raison pure* de manière à renverser depuis l'intérieur l'idéalisme kantien

12. *Ibid.*, p. 71.

que Heidegger va renverser l'idéalisme de la phénoménologie husserlienne. En effet, l'*a priori* kantien va être repensé de manière non idéaliste : il sera compris comme constituant les conditions de possibilité du *dévoilement* de l'étant *déjà là comme tel* au sein duquel nous sommes jetés, et non plus, comme chez Kant, les conditions de possibilité de l'existence même de l'étant (comme objet). *Kant et le problème de la métaphysique*, doit donc être compris, *avant tout*, comme une présentation de l'ontologie heideggérienne telle qu'elle aurait du être développée par la troisième section, non publiée, de *Sein und Zeit*. Nous allons donc essayer de montrer en quoi et comment *Sein und Zeit* et le *Kantbuch* se complètent au point de former un tout solidaire, sans lequel le sens de ce que Heidegger nomme *Dasein* demeure encore incompris. En effet, dès *Kant et le problème de la métaphysique* l'ontologie de Heidegger s'oriente vers une forme particulière de phénoménologie de la perception, ce que refusait totalement *Etre et temps* (pour qui la perception n'était qu'un mode d'accès dérivé à l'étant, se rapportant à celui-ci comme *Vorhandene*).

La deuxième section d'*Etre et temps* a exhibé l'essence du *Dasein* comme constituant la liberté propre à un être marqué par une finitude radicale[13]. Le *Dasein* en son ipséité est cet être de projet qui, se tenant *a priori* dans l'anticipation de la mort (dans et par l'angoisse) et assumant à partir de là l'absence de fondement (ou l'abîme) de son existence facticielle « jetée » dans le monde, se *possibilise* en transformant « librement » le passé (la *Gewesenheit*) auquel il est d'abord livré. Dans et par la *transcendance* qui lui est propre, il apparaît ainsi comme constitué par la temporalité originaire (*Zeitlichkeit*) caractérisée par le primat de l'avenir (que Heidegger nomme, pour cela, « ek-statique ») et il se délivre son existence comme se tenant toujours dans l'entre-deux, entre l'abîme qu'ouvre cette rupture qu'est la naissance, et le néant de la mort. En tant que *Sein-zum-Tode*, il se tient donc toujours *a priori* ouvert, dans l'angoisse, au néant qui fonde et borde son existence, laquelle apparaît ainsi comme « transie » par une « précarité constante »[14].

Le *Dasein*, comme « projet-jeté », comme liberté radicalement finie, se possibilise donc en transformant son propre passé (auquel il est d'abord livré et qu'il doit

13. Martin Heidegger, *Etre et temps*, § 74.
14. Martin Heidegger, *Kant et le problème de la métaphysique*, Paris, Gallimard, 1977, p. 294 (GA 3, p. 238)

assumer), en « faisant fond » sur l'abîme ou le néant à partir d'où se déploie son existence. Or, Heidegger va montrer dans le *Kantbuch* que, *simultanément*, le *Dasein* se donne à lui-même, au moyen de l'imagination, une « vue pure » de ce néant et qu'il en fait un *horizon* de dévoilement de l'étant déjà là dans son ensemble, déployé à même le dispositif perceptif. Cela signifie que le *Dasein* pro-jette, et se donne ainsi à lui-même *a priori* une « image pure » du néant sur fond duquel il va pouvoir alors dévoiler, dans la perception, l'étant déjà là dans son ensemble *comme tel* et comme ce au sein de quoi il est jeté. L'ouverture *a priori* du *Dasein* au néant ne fonde donc pas seulement sa liberté, mais elle fait en même temps de lui un être voué à la connaissance ontologique (de l'*on e on*). Plus précisément elle fonde la connaissance en sa finitude originelle, comme dévoilement de l'étant déjà là comme tel.

La temporalité ek-statique qui porte la transcendance constitutive de l'ipséité du *Dasein* a ainsi pour essence même de se susciter dans et par l'imagination, un vis-à-vis : elle déploie, à même la perception, un pur horizon d'objectivité, c'est-à-dire, en termes kantiens, l'ouverture à un objet transcendantal = X. Cette ouverture imaginative à un objet transcendantal = X, qui dépasse d'avance tous les objets possibles, qui n'est rien d'étant, mais un néant, est ce dans et par quoi le *Dasein* se présente à lui-même, se suscite à lui-même en vis-à-vis, un pur horizon d'identification de l'étant. Voici, en effet, ce qu'écrit Heidegger : « L'X est … ce qui d'avance constitue le dépassement de tous les objets possibles en tant qu'ob-jets, l'horizon d'une ob-jection. Cet horizon n'est pas un objet mais un néant »[15]. Cette ouverture *a priori* au néant, par l'imagination, constituant le déploiement d'un horizon de rencontre de l'étant est selon Heidegger le sens originel totalement impensé de ce que Kant a nommé schématisme transcendantal. Or, il est essentiel de mesurer que l'imagination transcendantale ne crée pas ce néant, mais qu'en tant que « spontanéité réceptive » elle s'en donne bien plutôt une image pure propre à l'anticiper, à s'ouvrir à celui-ci comme tel. Dans les premières grandes œuvres de Heidegger, à la fin des années vingt, le sens véritable de ce « néant », de cet abîme - qui n'est pas un *nihil negativum*, mais bien *l'être* de l'étant en tant que cette dimension retirée, sous jacente, et cependant attenante à celui-ci où puise sa venue en présence profuse - n'est pas encore suffisamment précisé.

15. Martin Heidegger, *Kant et le problème de la métaphysique*, p. 180 (GA 3, p. 123).

Ainsi que nous le verrons, c'est seulement à partir du milieu des années trente, dans la conférence *L'Origine de l'œuvre d'art* - qui introduit le concept de *terre* conçu comme fond abyssal et indistinct de l'étant - que le sens originel de l'être sera pleinement déployé.

Il est maintenant essentiel de bien voir que c'est *seulement* dans la mesure où le *Dasein*, dans et par la transcendance qui lui est propre et grâce au travail inconscient de l'imagination transcendantale, se présente à lui-même une vue pure du néant, à même le dispositif perceptif, et ainsi comme horizon de manifestation de l'étant, que ce dernier peut alors, « ressortant » sur ce fond, apparaître originellement *comme tel*. Heidegger peut donc écrire ceci à propos de cet horizon d'ob-jectivation : « Ce n'est que si cette ob-jectivation s'expose au néant et se tient en lui que l'acte de représenter peut, au sein de ce néant, nous laisser rencontrer ce qui, au lieu d'être le néant, est le non-néant, c'est-à-dire l'étant. Cette rencontre se réalise dès que l'étant se manifeste empiriquement »[16]. Il est essentiel de rapprocher cette analyse de celles de la conférence *Qu'est-ce que la métaphysique ?* qui affirme que l'étant ne peut apparaître originellement *comme étant*, comme ce qui *est*, que par contraste, c'est-à-dire sur fond

16. *Ibid.*, p. 131(GA 3, p. 72).

de néant. Si nous n'étions pas ouverts au néant dans et par l'anticipation de la mort dans l'angoisse qui nous renvoie au caractère abyssal (contingent) de notre facticité, et si cette ouverture au néant n'était pas pro-jetée comme horizon de manifestation de l'étant dans son ensemble, jamais celui-ci pourrait nous apparaître *comme étant*. Mais cela veut dire aussi que c'est en se montrant à nous en sa propre facticité, comme « menaçant ruine (*hinfällig*) »[17], en sa contingence radicale, qu'il peut alors seulement, simultanément, nous *apparaître* originellement, comme tel, c'est-à-dire comme ce qui de manière absolument *surprenante*, surgit, fait irruption comme tel, impose sa présence ; comme ce qui se montre de soi-même en son altérité propre, bref comme *phénomène*. Le phénomène (ainsi compris en son sens originel) est, en effet, non seulement ce qui se manifeste à nous à partir de soi-même, en son altérité propre, mais ce qui, simultanément apparaît, en sa profusion, comme se déployant « sans fond » et « pour rien », comme pure venue en présence épuisant son sens à « être ».

---

17. M. Heidegger, *Qu'est-ce que la métaphysique ?*, in *Questions I*, Paris, Gallimard, 1976, p. 60 (*Was ist Metaphysik ?, V. Klostermann, Frankfurt A. M.*, 1981, p. 33).

Ainsi que l'écrit Heidegger dans la Postface de *Qu'est-ce que la métaphysique ?*, le *Dasein* s'ouvre alors de manière originelle à « la merveille des merveilles : *Que* l'étant *est* ». Le *Dasein* se caractérise donc par ceci qu'il est *originellement* ouvert à l'*on e on*, c'est-à-dire à l'inquiétante étrangeté d'un règne de l'étant en totalité qui est là pour rien (qui épuise son sens à « être ») et au sein duquel il est « jeté » en sa finitude radicale. Sans cette ouverture *a priori* de l'imagination au néant, c'est-à-dire à cette dimension abyssale sous jacente à l'étant, qui anticipe sur la perception de celui-ci, jamais l'étant n'aurait pu se montrer comme tel, comme phénomène. En effet, les organes des sens sont, certes, seuls capable de nous ouvrir à l'altérité de l'étant déjà donné hors de nous, mais ils ne nous permettent pas à eux seuls de re-connaître cette altérité *comme telle*. En tant qu'organes d'un vivant ils sont au service du processus vital, c'est pourquoi l'animal ne rencontre l'étant que comme utile ou nuisible, jamais *comme tel*, c'est-à-dire comme *phénomène.*

Le *Dasein* imagine donc *a priori* un au-delà, ou plutôt un *en deçà*, de tous les objets possibles, de tous les étants. Une telle ouverture imaginative à cet en deçà de tout étant, qui est identique au néant et qui est l'être de l'étant, constitue pour Heidegger la connaissance ontologique. Or, cette connaissance ontologique, ce dévoilement de l'être, qui demeure implicite (qui est « non thématique »[18]), a pour essence de rendre *simultanément* possible le dévoilement de l'étant, c'est-à-dire la connaissance ontique originelle. Cette connaissance *double*, conçue comme *dévoilement* simultané de l'être *et* de l'étant, constitue en elle-même la *vérité originelle* qui doit être comprise comme *Unverborgenheit*, comme ce que les Grecs avaient nommé *Aletheia.* En effet, « …la vérité doit être entendue à la fois comme dévoilement de l'être et comme caractère manifeste de l'étant »[19]. C'est en ce sens que le *Dasein* se caractérise fondamentalement par ceci qu'il est « dans » la vérité originelle, c'est-à-dire ouvert à la présence de l'étant en son être. Et c'est dans la mesure où il est, *d'emblée*, dans la vérité que le *Dasein* peut ensuite s'égarer dans l'erreur et l'illusion. Heidegger *regagne* ainsi ce qu'avaient entrevu les penseurs grecs les plus anciens : il retrouve ce dévoilement originel de l'étant en son être, de l'*on e on* en son étrangeté indépassable qui est constitutif de l'essence de l'homme comme être pensant selon le fragment III de Parménide. Il apparaît

18. Martin Heidegger, *Kant et le problème de la métaphysique*, p. 180 (GA 3, p. 123)
19. *Ibid.*

alors que la conception traditionnelle de la vérité comme *accord* entre la représentation et les choses est dérivée par rapport à l'essence originelle de celle-ci comme *Aletheia.*

Le *Dasein*, compris en sa *Grundverfassung* (c'est-à-dire comme « être-dans-le-monde »), est donc cet être de projet, « jeté » dans le monde et assumant dans et par l'angoisse l'abîme de sa liberté finie, qui, *toujours déjà*, sur la base d'une ouverture *a priori* par l'imagination à une dimension sous jacente de néant, a laissé faire encontre l'étant en totalité comme tel, c'est-à-dire comme ce règne *englobant* du monde phénoménal, abyssal à lui-même et étrangement inquiétant, au sein duquel il est jeté. Bien que le sens de ce « néant », auquel le *Dasein* est ouvert *a priori* et sur fond duquel s'ouvre à lui l'étant dans son ensemble, ne soit pas encore précisé à la fin des années vingt, il est essentiel de noter d'ores et déjà qu'il doit être compris, nous venons de le voir, non pas comme un au-delà transcendant de l'étant mais bien comme un *en deçà* de celui-ci. Ainsi que nous l'avons déjà suggéré, il n'est donc pas un « pur néant », mais bien plutôt cette dimension retirée et insondable, *attenante* à l'étant (que Heidegger nommera la *terre* en 1935), où celui-ci puise en sa venue en présence et en sa profusion. Il appartient donc à la présence elle-même. Il apparaît alors que l'homme compris en son essence originelle comme *Dasein* se caractérise, ainsi que les Grecs déjà l'avaient vu, par une ouverture perceptive, sur la base de conditions *a priori*, au règne insondable et surabondant de la présence. Voici ce qu'écrivait Jean Beaufret dans son commentaire du *Kantbuch* de Heidegger : « plus originelle que toute antériorité est que déjà l'étant nous fait face de partout à partir de lui-même et ainsi *apparaît*, qu'il s'agisse des choses les plus proches ou de ce qui s'en éloigne à perte de vue dans l'ampleur ouverte d'un paysage (...). Une telle *épiphanie de la présence* voilà ce qui, à l'aube d'un monde, avait porté les Grecs et eux seuls au comble de l'émerveillement »[20].

Il faut alors comprendre que c'est une telle ouverture à l'épiphanie de la présence qui porte, de manière *implicite*, l'existence quotidienne elle-même. En effet, la préoccupation affairée, c'est-à-dire la manipulation des étants disponibles réduits à un complexe ustensilier, qui caractérise cette existence quotidienne du *Dasein* est décrite dans les paragraphes 14 à 24 d'*Etre et temps*. Or, il est remarquable de constater qu'elle est présentée non pas comme simple un effort d'appropriation

---

20. Jean Beaufret, *Kant et la notion de Darstellung*, in *Dialogue avec Heidegger*, t. II, Paris, Minuit, 1977, p. 100 et103.

de l'étant, mais bien comme une forme de *dévoilement* de celui-ci en sa présence, permettant alors d'aménager le séjour de l'homme en son sein. Le projet du *Dasein* est ainsi articulé non pas à une domination de l'étant, mais bien à une *habitation* au sein de celui-ci permettant de s'ouvrir au règne de sa *présence* englobante *comme telle*. C'est pourquoi le *Dasein* est originairement spatial et qu'il a pour essence même de s'ouvrir à la présence proche des choses. On comprend alors maintenant que, dès la fin des années vingt le *Dasein* n'est pas seulement compris par Heidegger, comme un être de projet, c'est-à-dire comme cet étant qui est son propre « là » en tant qu'il *a* à être, mais déjà, et plus profondément encore, comme *Da-sein*, c'est-à-dire comme ayant pour essence même d'être ouvert à l'étant dans son ensemble en tant qu'il *est,* c'est-à-dire au règne des phénomènes, ou encore à la *présence* du monde comme telle.

Il est maintenant possible, sur la base de ce que nous venons de développer, de faire apparaitre le sens de la démarche de Heidegger comme renversement total de la phénoménologie husserlienne et de l'idéalisme qui la caractérise. On voit, en effet, que la spécificité de la démarche heideggérienne consiste, tout d'abord, en une entente *radicalement nouvelle* de la notion de *phénomène*, qui se veut originelle et qui en renverse totalement le sens : le phénomène n'est plus conçu comme le corrélat noématique d'un sujet transcendantal, il n'est plus ce qui *m'*apparaît, ce qui dépend d'une conscience constituante. Il est au contraire, pour nous, ce qui *apparaît de soi-même* en son altérité propre. Il est le « se montrer » de la chose elle-même en vis-à-vis. Or, ce sens du phénomène est son sens premier, par rapport auquel tout autre ne peut être que dérivé : avant que les choses puissent être réduites à leur apparaître pour nous (comme c'est le cas dans la phénoménologie husserlienne), il faut bien qu'elles se soient d'abord montrées d'elles-mêmes en leur altérité propre. On comprend alors, sur cette base, comment Heidegger a radicalisé la démarche phénoménologique de manière à renverser depuis l'intérieur l'idéalisme husserlien : le monde ne se réduit plus à de simples phénomènes constitués par l'activité intentionnelle d'une conscience transcendantale, mais c'est au contraire l'homme comme être pensant qui se caractérise, d'abord, par une ouverture *a priori* au « se montrer » de l'étant lui-même déjà là en totalité et en son altérité propre.

La conscience humaine *présuppose* donc un *dévoilement* des choses mêmes en leur présence et leur phénoménalité. Le *Dasein* tel qu'il est décrit dans *Kant et le problème de la métaphysique,* n'est ainsi ouvert à lui-même, n'accède à la conscience de soi, qu'en étant *simultanément* ouvert à l'altérité insondable (à l'extériorité irréductible) du règne des phénomènes se déployant sans raison, qui lui font face de toute part alors qu'il est « jeté » en eux. En effet, ainsi que nous l'avons montré, l'ipséité du *Dasein* constituée par la *Zeitlichkeit*, n'accède à elle-même (en tant que conscience de soi) que comme un reflux vers soi à partir de l'acte op-posant par lequel elle se propose *a priori* l'horizon de rencontre de l'étant. C'est de cette manière seulement qu'elle accède à « l'auto-affection ». Voici ce qu'écrit Heidegger : « le temps comme... auto-affection pure, forme la structure essentielle de la subjectivité... L'acte pur d'ob-jectivation... définit l'aperception pure, le moi lui-même... En tant qu'affection pure de soi, il forme originellement l'ipséité finie de telle manière que le soi peut devenir « conscience de soi » »[21]. Heidegger renverse donc véritablement le sens idéaliste de la notion de phénomène telle qu'on la rencontrait chez Kant et Husserl et il fait ainsi voler en éclats cette « boîte » claquemurée sur elle-même qu'est le sujet transcendantal.

21. Martin Heidegger, *Kant et le problème de la métaphysique*, p. 244.

Chez Heidegger l'*Epoché*, en mettant entre parenthèses le présupposé ontologique de l'attitude naturelle (la présence constante pré-donnée de l'étant comme *Vorhandene*), révèle donc que l'homme, comme être pensant, est toujours déjà, secrètement et *a priori*, le « là » de l'étant comme tel, en tant qu'il *est* (sur fond de néant), et qu'il est donc *Da-sein*. Contrairement à ce que croit la conscience naturelle il n'est donc pas un sujet d'abord enfermé en son intériorité et ainsi « sans monde », qui devrait sortir de lui-même pour se rapporter aux étants déjà disposés devant lui. C'est pourquoi, dans *Les problèmes fondamentaux de la phénoménologie* Heidegger pourra dire alors qu'à l'instar de la monade leibnizienne le *Dasein* n'a ni porte ni fenêtre, mais pour la raison inverse : non pas parce qu'il contient tout en lui, mais au contraire parce qu'il a *toujours déjà* anticipé *a priori* la présence extérieure et englobante des choses qui lui font face de toutes parts en tant qu'il est « jeté » en elles[22]. Avec Heidegger la phénoménologie accède donc à un sens non idéaliste de l'*a priori*. L'ouverture *a priori* au monde phénoménal relève, en effet, maintenant d'un *dévoilement* (*Unverborgenheit*), lui-même compris comme « laisser

22. Martin Heidegger, *Les problèmes fondamentaux de la phénoménologie*, Paris, Gallimard, 1985, p. 215 et 361.

faire encontre » (*Begegnenlassen*) l'étant déjà là comme tel, qui est aussi « ancien » que la conscience elle-même. Et, ainsi que Heidegger le montre dès le *Kantbuch*, ce dévoilement sous sa forme la plus originelle, opère à même la perception lui donnant son sens proprement humain de lieu d'une intuition sensible de l'étant *comme tel*, comme phénomène.

L'épreuve originelle de l'étant comme phénomène sera de plus en plus comprise par Heidegger, il vaut de le noter, comme une expérience de la *profusion* de la présence. Voici, en effet, ce qu'il dit au cours des *Séminaires de Zürich* : « L'être humain… est un être constamment ouvert à l'appréhension de la présence même et de ce qui vient en présence ; il est ouverture à l'éclat des choses quand elles sont dans leur plénitude »[23]. Ce point essentiel a été peu remarqué, nous semble-t-il, alors qu'il est récurrent à partir du milieu des années trente. Dans *L'Origine de l'œuvre d'art*, par exemple, Heidegger parle de « l'épanouissement dru de l'étant (*des eigenwüchsig aufgehenden Seienden*) »[24]. Une telle rétrocession vers la description de cette ouverture

23. *Op. cit.,*Paris, Gallimard, 2010, p. 301.
24. *Op. cit.*, in *Chemins qui ne mènent nulle part*, Paris, Gallimard, 1996, p. 66. (*Holzwege*, GA 5, p. 47).

originelle et proprement humaine à la phénoménalité profuse de l'étant est le sens originaire de la phénoménologie. Or, à travers cela il ne s'agit de rien d'autre, pour Heidegger, que d'une redécouverte du sens profond (en partie impensé) de la philosophie grecque la plus ancienne. La phénoménologie sera alors comprise comme une interrogation sur le sens des *phénomènes* (*ta phaïnomena*), tels que les ont compris les Grecs, alors qu'ils pensaient la vérité de manière originelle comme le « se montrer », le dévoilement (*Aletheia*), de ceux-ci. Voici, en effet, ce qu'il écrira dans un texte tardif à portée autobiographique intitulé *Mon chemin de pensée et la phénoménologie* : « … au départ plus guidé par un pressentiment que dirigé par un point de vue bien fondé… j'appris ceci : ce qui pour la phénoménologie des actes de la conscience s'accomplit comme le se manifester du phénomène, est pensé plus originellement par Aristote et dans toute la pensée des Grecs, comme *Aletheia*, comme l'ouvert sans retrait de la présence, son dévoilement, son se montrer. Ce que les recherches phénoménologiques avaient redécouvert comme le maintien, le port de la pensée, s'avère le trait fondamental de la pensée grecque, pour ne pas dire même de la philosophie comme telle »[25].

25. *Op.cit,* in *Questions IV*, p. 169.

Or, le sens de cette phénoménalité de l'étant, telle qu'elle avait été pensée par les Grecs, est à ce point inouï qu'il doit être encore approfondi.

Dans *Kant et le problème de la métaphysique* Heidegger définit le *Dasein* de la manière suivante : « Le *Dasein* dans l'homme caractérise celui-ci comme l'étant qui, placé au milieu des étants, se comporte à leur égard en les prenant pour tels. Ce comportement à l'égard de l'étant détermine l'homme dans son être et le fait essentiellement différent de tout autre étant qui lui est rendu manifeste »[26]. Or, nous l'avons vu, Heidegger montrera dès le *Kantbuch* que pour accéder à la signification pleine et entière du mot « étant » (*ta onta*), il faut fondamentalement le comprendre comme *phénomène* (*ta phaïnomena*). Mais comment le phénomène doit-il être défini, s'il est vrai que, comme il l'affirmera bien plus tard dans l'extraordinaire séance du 2 septembre 1969 des *Séminaires du Thor*, « personne encore n'a été à la hauteur de l'épreuve grecque de l'étant comme phénomène[27] » ? Pour accéder au phénomène tel que l'ont éprouvé les Grecs, il est essentiel de mesurer que celui-ci doit être compris en un *double sens.* Il est tout d'abord « ce qui de soi-même se

26. Martin Heidegger, *Kant et le problème de la métaphysique*, p. 290.
27. Martin Heidegger, *Séminaires du Thor*, in *Questions IV*, p. 263.

montre (*das Sich-an-ihm-selbst-zeigende*) », c'est-à-dire ce qui d'en face nous fait face dans une distance ouverte. Il est donc « ce qui à partir de soi, d'avance s'étend (*von sich aus schon vorliegt*) », c'est-à-dire *antikeimenon*[28]. Mais, dans la mesure où le phénomène est maintenant la chose elle-même (telle qu'elle est en soi), il doit être compris *simultanément* comme ce qui épuise son sens à entrer en présence, c'est-à-dire comme ce qui est, en soi-même, *pure et simple venue en présence*, pure et simple éclosion et donc comme ce qui se déploie sans fond et « poussé à rien »[29]. L'étant est alors *pur* phénomène. Or, ainsi que nous l'avons vu, cela n'est possible que s'il se montre comme entrant en présence à partir (et en direction) d'une dimension insondable, anticipée comme telle par l'imagination transcendantale, qui, elle au contraire, demeure en retrait et constitue *l'être* de l'étant phénoménal. En effet, c'est de cette manière seulement que le phénomène sera *pure* venue en présence, c'est-à-dire : ce qui est *pure dépense de soi*, ce qui surgit de soi-même, « sans raison » (à partir d'une dimension abyssale) de manière surabondante, puis s'évanouit. Or, c'est en

28. Martin Heidegger, *Séminaire de Zähringen,* in *Questions IV*, p. 331.
29. *Cf.*, Martin Heidegger, *Nietzsche*, T. I, Paris, Gallimard, 1980, p. 79.

poussant ainsi jusqu'au bout sa conception des phénomènes, comme ce qui se déploie sans fond et de manière totalement autonome, que Heidegger fut conduit dans les années trente à retrouver la conception grecque de ceux-ci comme règne de la *physis*.

En se dévoilant comme ensemble de phénomènes, le monde se montre en effet comme déploiement de ce que les Grecs avaient nommé *physis* : il apparaît comme le règne surabondant de ce qui, sans raison, éclot, s'épanouit, à partir et en direction d'un fond chaotique abyssal (cf. Hésiode, Théogonie, v. 116). « *Physis* pour les Grecs, écrit Heidegger, est le premier nom, le nom essentiel de l'étant même, dans sa totalité. L'étant constitue pour eux ce qui, croissant de soi-même et poussé à rien, s'éclôt et se produit, ce qui rentre en soi et s'évanouit : le règne qui va s'épanouissant et se repliant en soi-même »[30]. Le *Dasein* se caractérise donc par ceci qu'il est ouvert dans la perception au tout englobant des phénomènes qui lui font face de toutes parts et qui se montrent comme ce qui ne se déploie à partir d'un fond informe « béant » et retiré que pour revenir s'y perdre. Dire que le *Dasein* est ainsi ouvert *a priori* aux *phénomènes* revient par conséquent à dire qu'il est ouvert au règne de l'omniprésence englobante de

30. Martin Heidegger, *Nietzche, T.I*, p. 79

la *physis*, c'est-à-dire au règne de cette présence étrangement inquiétante qui est là pour rien et se dépense en pure perte, épuisant son sens à « *être* ». Dès *Introduction à la métaphysique* (1935), Heidegger insiste, en effet, sur l'identité du *phuein*, de l'éclosion à partir de la *physis* et du *phaïnestai*, de la venue en présence phénoménale. Voici ce qu'il écrit : « Les racines *phu-* et *pha-* désignent la même chose. *Phuein*, l'épanouissement reposant en soi, est *phaïnestaï*, se mettre à luire, se montrer, apparaître »[31]. Les *phaïnomena* ne sont donc rien d'autre que le « se montrer » des *physei onta* comme telles. La phénoménalité est ainsi le se montrer, l'apparaître pour l'homme, de la *physis* en son altérité propre comme telle. Inversement le propre de la *physis* comme entrée en présence permanente est de paraître, de briller. Par cette identité de la phénoménalité et de l'être (comme venue en présence), Heidegger comprend la philosophie grecque par delà l'opposition du réalisme et de l'idéalisme[32] et nous permet ainsi de saisir ce que veut dire *Da-sein*.

---

31. Martin Heidegger, *Introduction à la métaphysique*, Paris, Gallimard, 2006, p. 109.
32. Martin Heidegger, *Introduction à la métaphysique*, p. 110.

L'évolution de Heidegger à partir des années trente – la fameuse *Kehre* – fut alors commandée par la reconnaissance de l'impossibilité de faire porter désormais le dévoilement des phénomènes ainsi conçus par l'ipséité du *Dasein.* Heidegger reconnut alors qu'il est dans le *Dasein* un travail de l'imagination le plus souvent *latent*, en quelque sorte « impersonnel » et aveugle, qui donne licence aux phénomènes de se manifester du « point de vue » de leur propre fond insondable. Il nous faut donc maintenant préciser cette notion de *physis* puis rendre compte de l'évolution correspondante de la conception du *Dasein.*

Deuxième partie

Le règne des phénomènes comme manifestation de la *physis*

La *physis* est comprise dans le séminaire de 1941 *Ce qu'est et comment se détermine la physis*[33], comme un « aller hors de soi en retour vers soi (*ein Insich-zurück-Gehen*) » perpétuel qui ne cesse de produire et de reprendre en lui toute chose à partir d'une dimension retirée, qu'il faut concevoir sur la base du *krupthestaï* du fragment 123 d'Héraclite (« *physis krupthestaï philei* »), lequel doit lui-même être compris à partir de ce fond indistinct et béant qu'est le *Chaos* tel que le nomme Hésiode[34]. Il faut préciser que Heidegger a d'abord, dans *L'Origine de l'œuvre d'art*, nommé *terre* ce fond dérobé, non ontique et informe où puise l'éclosion de l'étant, puis l'a nommé *Chaos* en référence à Hésiode et à Hölderlin dans son commentaire du poème *Comme au jour de fête*...

33. *Op. cit.*, in Martin Heidegger, *Questions II*, Paris, Gallimard, 1977.
34. Martin Heidegger, *Ce qu'est et comment se détermine la physis*, in *Questions II*, p. 180 et p. 275-276. *Cf.* aussi, *Comme au jour de fête*, in *Approche de Hölderlin*, Paris, Gallimard, 1979, p. 81.

en 1939. Ce que Heidegger nomme la *terre*, sur la base d'une réappropriation du sens originel de la *matière*, est ce fond dérobé et indistinct de l'étant qui est déchiré entre une tendance à se refermer sur soi et à tout reprendre en soi, et une puissance productrice inépuisable qui inlassablement fait jaillir hors d'elle les étants, les choses déterminées et distinctes. La *terre,* cette dimension informe et retirée qui ne peut apparaître comme telle que là où elle est, dit Heidegger, « sauvegardée comme l'indécelable par essence », est en effet, en même temps, cette énergie productrice inépuisable, cette profusion, qui ne cesse de déployer les étants hors d'elle, avant de les reprendre en elle et de les reconduire vers son propre tréfonds informe. En tant qu'« afflux infatigué de ce qui est là pour rien », elle est, dit Heidegger « ce qui ressortant, reprend en son sein »[35]. Dans la mesure où ce fond informe de la *physis* est ainsi déchiré en lui-même par des forces contradictoires, il est « béant » et peut être identifié au *Chaos* tel qu'il est nommé au vers 116 de la *Théogonie* d'Hésiode. Voici, en effet, ce qu'écrira Heidegger : « *Chaos*, signifie premièrement le béant, le gouffre entrebâillé, l'Ouvert qui s'ouvre d'abord en quoi

---

35. Martin Heidegger, *L'Origine de l'œuvre d'art*, in *Chemins qui ne mènent nulle part*, p. 49.

tout est englouti. Le gouffre refuse tout appui pour une distinction et un établissement… Pensé à partir de la *Nature* (*physis*), le *Chaos* reste cette béance d'où l'Ouvert s'ouvre afin d'accorder à toute distinction sa présence délimitée »[36]. Or, la *terre* ou le *chaos* ne constituent pas seulement le fond abyssal de la *physis* mais, plus essentiellement encore, ce règne éternel et *immanent* de la *présence* au sein de laquelle les étants distincts et organisés se déploient depuis toujours et pour toujours. La béance constitutive du chaos est, en effet, en même temps, dans la terminologie heideggérienne, l'Ouvert dans lequel se déploient les étants.

La *Physis* constitue ainsi le toujours déjà là de ce règne insondable et incommensurable de la présence dans lequel les étants sont immergés et qui - ne cessant de s'auto déployer en puisant à la source abyssale de son propre fond indistinct - demeure cependant immuable, ne tolérant ni perte ni surcroît car la « génération » et la « corruption » s'y compensent. Une telle pensée de l'être comme *présence* n'exclut pas le temps, mais au contraire s'ouvre au sens originel de celui-ci : la présence porte et inclut en elle le temps en ses trois dimensions. Elle est, dit

36. Martin Heidegger, *Comme au jour de fête…* in *Approche de Hölderlin*, p.80.

Heidegger, « ce qui ne passe pas,… mais dure »[37]. Elle est le *Cosmos* en son éternité, tel qu'il est nommé par Héraclite dans le fragment 30, qui sera commenté par Heidegger au cours des *Séminaires du Thor*. « Ce monde-ci, affirme t-il, n'a pas été produit vu que de tout temps il était déjà là… Ici l'éternité ne domine pas le temps… et dit simplement que si loin qu'on puisse remonter vers l'arrière *ce* « monde » était déjà là »[38]. Il apparait alors que dans le déploiement et la phénoménalité de la *Physis*, la profusion, l'excès de la présence que nous avions évoqués, sont compensés par la destruction, la corruption de tout ce qui est apparu, de sorte que le règne de la présence demeure toujours « le même ». Une telle conception « cyclique » de la *Physis* implique donc qu'elle soit conçue comme perpétuelle répétition tautologique de soi d'une venue en présence sans fond (n'ayant pas d'autre sens qu' « être »).

La *physis* est ainsi, comme venue en présence permanente et règne de la présence, « ce qui jamais ne décline (*to me dunon pote*) » selon le fragment 16 d'Héraclite. Et il faut comprendre que le retrait dans

---

37. Martin Heidegger, *Le Principe de raison*, p. 147.
38. Marin Heidegger, *Les Séminaires du Thor*, in *Questions IV*, Paris, Gallimard, 1976, p. 208.

l'absence, le retour au fond indistinct sous jacent, appartient de manière essentielle à ce processus de venue en présence permanente, car il reconduit à ce qui est, en même temps, le foyer même où puise « l'éclosion drue » de la *physis*. C'est pourquoi Heidegger peut écrire ceci dans l'important article *Aletheia* des *Essais et conférences* : « ...le ne-jamais-sombrer (*to me dunon pote)*, veut dire les deux : dévoilement *et* voilement non comme deux évènements différents et simplement juxtaposés, mais comme une seule et même chose »[39]. S'ouvrir à une telle tautologie de l'entrée en présence des phénomènes ne cessant de se répéter « sans raison », sous le simple effet de la contradiction qui déchire le fond chaotique de l'étant (entre une puissance productrice aveugle et une tendance à tout reprendre en soi), est, ainsi que Heidegger l'a dit dans le *Séminaire de Zärhingen*, le sens originaire de la phénoménologie. Il s'agit de s'ouvrir à nouveau à la phénoménalité surabondante originelle de l'étant, qui ne cesse d'entrer en présence pour s'évanouir. Une telle phénoménalité profuse, en sa « légèreté » et sa « gratuité », est portée par le processus de la *physis* qui, dans le célèbre *Finale* du cours *Le Principe de raison* est

39. *Aletheia*, in *Essais et conférences,* Paris, Gallimard, 1976, p. 326.

comparé à un enfant qui joue et « qui joue parce qu'il joue » (sans raison, en toute innocence)[40].

Une telle conception de la *physis* signifie que pour Heidegger l'être ne peut en aucune manière être conçu comme une pure avancée d'absence qui déclot la présence sans y être attaché, car le retrait appartient à la présence elle-même. C'est pourquoi, ainsi que nous le disions en introduction, la conception de l'être (orthographié *Seyn*) proposée dans les *Beiträge* revient à *renier* ce qu'il affirme par ailleurs et en particulier dans l'article *Aletheia* des *Essais et conférences* ainsi que dans le séminaire de 1941 sur la *physis*. Il y a dans la *physis* une relation réciproque entre le mouvement de l'éclosion et celui du retrait, l'un renvoyant à l'autre dans une circularité autonome, mais dans le cadre d'un mouvement permanent d'entrée en présence qui ne laisse aucune place à une transcendance. Voici, en effet, ce qu'écrit Heidegger dans la dernière page de *Ce qu'est et comment se détermine la physis* : « se retirer, s'héberger en soi-même en son propre retrait appartient à la prédilection de l'être, c'est-à-dire à ce en quoi il a affermi son déploiement. Et le déploiement de l'être, c'est de se déclore, de s'épanouir, de ressortir dans l'ouvert du non-retrait – *physis*. Seul ce qui, suivant

40. *Op. cit.*, p. 243.

son déploiement, s'ouvre et se déclôt, et ne peut que se déclore, seul cela peut aimer se reclore. Seul ce qui est ouverture de déclosion peut être reclosion »[41]. La *physis* dans son processus est l'auto-déploiement interne aveugle et permanent de ce monde ci en la plénitude et en l'éclat de sa présence. Ce qui demeure en retrait dans le processus de la *physis* est le fond informe « toujours déjà là » de celle-ci auquel puise son déploiement profus. Or, ce *Chaos* béant, cet *apeiron* déchiré par des forces contradictoires, n'est pas seulement une dimension d'absence qui se dérobe et se tient en retrait, il est aussi plus profondément encore, l' « énergie potentielle » (pourrait-on dire), la puissance productrice inépuisable et aveugle qui déploie les étants, et aussi ce qui *menace* de tout submerger ou de tout engloutir. Et c'est pourquoi, bien qu'il se tienne en retrait dans l'étant, l'être comme *physis* est cependant « ce qui est de soi le plus manifeste », car, que nous l'apercevions ou non, « … il brille déjà… là même où nous percevons ce qui pour nous est plus manifeste : ce qui chaque fois est »[42]. La *physis* n'est donc déchirée en elle-même que parce qu'elle est « surabondance de la plénitude ». Il apparaît alors que la

41. *Op. cit.,* in *Questions II*, p. 275-276.

42. Martin Heidegger, *Le Principe de raison*, p. 154.

plénitude de présence et le caractère « illimité » de ce monde-ci, ne laissent pas la moindre place à la possibilité d'un autre monde.

C'est pourquoi dans l'article *Aletheia* des *Essais et conférences* Heidegger insiste tout particulièrement sur le fait que « pensé de manière grecque », le retrait, la dimension cachée ou puise la *physis* (le *krupthestaï* nommé par le fragment 123 d'Héraclite), appartient à la présence elle-même en sa plénitude et doit être comprise comme un mode de celle-ci. Pour illustrer cette caractéristique fondamentale de la pensée grecque, Heidegger s'appuie alors sur un passage de l'*Odyssée* (VIII, 83 et sq.) qui relate qu'Ulysse cache ses larmes pendant que l'aéde chante dans le palais du roi des Phéaciens. Le texte grec, explique t-il, est généralement mal traduit, car Homère ne dit pas qu'il pleura sans qu'aucun autre le remarquât, mais il fait comprendre plutôt « qu'être caché qualifie ici la manière dont l'homme doit être présent parmi les hommes »[43]. Ce ne sont pas les autres qui ne le voient pas, mais c'est Ulysse qui par pudeur se met en retrait, de telle sorte qu'un tel retrait (qu'une telle retenue) constitue alors sa manière propre d'être présent parmi les autres. Autrement dit, pour les

43. Martin Heidegger, *Aletheia*, in *Essais et conférences*, p. 317.

Grecs, « le trait fondamental de la présence elle-même est déterminé par le fait de demeurer caché et non caché »[44].

Il est seulement possible maintenant, sur la base des analyses précédentes de développer le sens plein et entier de la notion de *phénomène* (dont on pourra alors mesurer toute la richesse et la complexité). En effet, il apparait à la lumière de ce qui précède que les *phaïnomena* ne sont que des déterminations particulières de l'auto-déploiement aveugle et « gratuit » - se produisant sous le simple effet de la contradiction qui le déchire - d'un fond chaotique informe qui n'est que de l' « *être* » *indéterminé* (un pur « il y a » hétérogène et en deçà de tout sens). Cela signifie que ce qu'il y a de plus profond dans les phénomènes n'est pas d'être ceci ou cela (arbre ou montagne par exemple), mais d'être *en même temps*, à chaque fois, la simple manifestation particulière d'un pur règne de la présence, d'un fond indistinct et donc indéterminé, d'un pur « il y a » surabondant qui se déploie sans raison (et qui est la *terre*). En même temps, il appartient à ce fond informe indistinct de s'épanouir phénoménalement en formes toujours renouvelées sous l'effet de la contradiction qui le déchire.

---

44. *Ibid.*

Il est possible, alors seulement, de comprendre en quoi la notion grecque (mais en partie impensée) de *Physis* apporte la *seule* réponse possible à la question ontologique telle que la pose Heidegger (dès l'Introduction de *Etre et temps*), c'est-à-dire à partir du *mot être* : la *Physis* en son processus permanent de production/destruction des phénomènes, épuise son sens à « *être* » au sens transitif (à « faire être » en le déployant en formes toujours renouvelées), éternellement, sans fond et pour rien, le simple *être* (indéterminé car informe et hétérogène) qu'elle est toujours déjà elle-même. Elle n'est rien d'autre que la « tautologie de l'être ». Le propre de l'homme comme *Da-sein* - ce qui le différencie de l'animal totalement accaparé par le processus vital et ne rencontrant l'étant que comme utile ou nuisible – c'est donc d'être ouvert (le plus souvent à son insu) à l'étant en entier comme règne « gratuit » (mais se déployant toujours à travers des étants déterminés) de ce pur « il y a », de cette omniprésence hétérogène et informe, de cette présence intrinsèquement énigmatique, en tant qu'elle est « ce qui ne sombre jamais (*to me dunon poté*) ». Cette capacité d'ouverture au règne de la présence, au règne des phénomènes, en ce qu'il a d'absolument surprenant et d'étrange, est, on le sait, ce que Henri Maldiney, inspiré par Heidegger, a nommé « transpassibilité ». Dans *Penser l'homme et la folie* il écrit, citant Hobbes, que, « de tous les phénomènes qui apparaissent, le plus extraordinaire est l'apparaître lui-même »[45]. Et il ajoute : « Le plus surprenant c'est le *phaïnestaï*. Il est le *Urphänomen* »[46]. Une telle ouverture à la pure phénoménalité de l'étant à travers la perception est ce sens originel de la vérité comme *décèlement* (*Aletheia*, *Unverborgenheit*), par rapport auquel la vérité scientifique est seulement dérivée et ainsi toujours relative et insuffisante.

Accomplir le sens originaire de la phénoménologie c'est ainsi regagner (pour en exhiber l'impensé), le *Dasein* grec en tant qu'il se tenait dans la vérité originelle conçue comme ce *décèlement* (*Aletheia*) de l'étant en tant que *phénomène*, lequel s'accomplit sur la base d'un décèlement préalable de la dimension de retrait où puise inlassablement l'éclosion surabondante de la *physis*, c'est-à-dire de l'être comme *Chaos*. C'est au cours de la séance du 2 septembre 1969 des *Séminaires du Thor* que Heidegger exhibe de façon à la fois concise et très précise, ce sens profond et impensé du *Dasein* grec comme

---

45. Henri Maldiney, *Penser l'homme et la folie*, Grenoble, Million, 2007, p. 303.
46. *Ibid.*

ouverture à la pure phénoménalité de la *physis*. Dans ce texte unique, dont nous allons citer quelques extraits, se trouve ainsi rien de moins – il vaut de le signaler - qu'un extraordinaire condensé de la philosophie de Heidegger (de son noyau de sens central) en tant qu'elle s'efforce de mettre au jour ce qui portait secrètement la pensée des Grecs, mais qui est demeuré en même temps en partie impensé chez eux. Voici donc ce qu'il écrit :

« Pour nous, l'étant dans son ensemble – *ta onta* – n'est plus qu'un mot vide… Pour les Grecs au contraire, cette épreuve de l'étant est tellement riche, elle est tellement concrète qu'il existe des synonymes parlants (Aristote, *Métaphysique a*) : *ta phaïnomena, ta alethea.* C'est pourquoi, traduire *ta onta* littéralement, par l'étant, n'avance à rien. On n'a pas, par là, débouché sur ce qu'est l'étant pour le Grec. Or, il est précisément : *ta alethea*, l'ouvert dans le non-retrait, ce à quoi, un temps, se refuse l'échappée ; il est *ta phaïnomena*, ce qui de soi-même se montre… Mais qu'est-ce que le phénomène au sens grec ? En langage moderne, le phénomène grec est précisément le non-phénomène moderne ; il est la chose même, la chose en soi… Pour les Grecs, les choses apparaissent. Pour Kant, les choses m'apparaissent… Personne encore n'a été à la hauteur de l'épreuve grecque de l'étant comme phénomène… Si difficile que soit pour nous d'accomplir à nouveau ce qu'ont fait les Grecs en pensant l'étant comme phénomène hors du retrait, comme se-lever-hors-du-retrait (au sens de la *physis*), demandons-nous : que se passe-t-il dans le fait de se-lever-dans-l'*aletheia* ? Qu'est-ce qui est d'emblée nommé avec le verbe *phuein* ? C'est la *surabondance* (*Überfülle*), la *surmesure* (*Übermass*) du présent. Penser ici à l'anecdote sur Thalès : il est cet homme fasciné par une surabondance stellaire (*Überfülle der Sternenwelt*) qui le force à porter le regard *uniquement* vers le ciel. Dans le climat grec (Hölderlin, Deuxième lettre à Bölhendorff), l'homme est submergé (*überwältigt*) par l'entrée en présence du présent… Le rapport à cet afflux de la présence (*Andrang der Anwesenheit*), les Grecs le nomment *thaumatzein* (cf. *Théétète* 155d)… En tout cela l'important est de bien voir que la privation, le *a* de l'*aletheia* s'accommode de l'excès. Privation n'est pas négation. D'autant plus croît ce que désigne le verbe *phuein*, d'autant plus vivace est la source d'où cela se lève, la *Verborgenheit* dans l'*Unverborgenheit* »[47].

Les phénomènes sont donc bien caractérisés, ainsi que nous l'avions suggéré, par la surmesure d'un

---

47. *Séminaires du Thor*, in *Questions IV*, p. 260 à 265. *Cf. Vier Seminare*, Vittorio Klostermann, Frankfurt A. M., 1977, p. 69.

déploiement surabondant de présence qui puise à une dimension retirée et insondable. Au cours de cette même séance du 2 septembre 1969, Heidegger peut ainsi légitimement définir les Grecs de la manière suivante : « Les Grecs sont l'humanité qui vécut immédiatement dans l'ouverture des phénomènes – par l'expresse capacité ek-statique de se laisser adresser la parole par les phénomènes »[48]. Et il ajoute qu'ils furent « une humanité atteinte par l'excès de la présence »[49]. La question est alors de savoir comment est possible une telle « capacité ek-statique », c'est-à-dire comment l'homme peut ainsi dépasser le point de vue d'un simple vivant et dévoiler les phénomènes du point de vue *de leur propre* déploiement, c'est-à-dire du point de vue inapprochable mais cependant menaçant, étrangement inquiétant, de leur propre fond chaotique.

---

48. *Ibid.*, p. 419.
49. *Ibid.*

Troisième partie

Le *Dasein* en l'homme comme être exposé à l'excès de présence de la *physis*

L'essence du *Dasein* a été pensée à nouveaux frais au milieu des années trente. Heidegger en vint, en effet, à reconnaître explicitement « la connexion d'essence unique en son genre entre *Physis* et *Aletheia* »[50], c'est-à-dire le jeu entre éclosion et retrait qui les caractérise toutes deux. L'*Aletheia*, qui constitue l'essence du *Dasein*, a été alors pleinement reconnue comme n'étant rien d'autre que « la vérité de la *physis* »[51]. La question fut alors de comprendre *comment* l'*aletheia* peut être la vérité de la *physis*. Or, c'est dans le cours de 1935, *Qu'est-ce qu'une chose ?* que Heidegger apporta une première réponse à cette question sur la base d'une interprétation/appropriation des anticipations de la perception de la *Critique de la raison*

50. Martin Heidegger, *Introduction à la métaphysique*, p. 111.
51. *Ibid.*, p. 189. La reconnaissance d'un tel lien *indissoluble* entre l'*Aletheia* et la *Physis* sera contredite par l'entreprise des *Beiträge* qui s'efforce au contraire de faire de l'*Aletheia* le simple lieu de l'ouverture à une pure avancée d'absence laquelle renvoie de manière énigmatique à une transcendance. Ce point confirme à nos yeux le « clivage » inhérent à la pensée de Heidegger.

pure de Kant[52]. Dans ce texte exceptionnel et unique (sur lequel il ne revint jamais à notre connaissance), il fut conduit, en effet, à approfondir la réflexion qui avait été menée dans le *Kantbuch* sur le schématisme transcendantal. Heidegger montre alors que la perception humaine est secrètement « anticipante », en ce sens que le *Dasein* anticipe *a priori*, dans et par un travail inconscient de l'imagination et à travers l'obscurité du purement senti, la matière sous-jacente, c'est-à-dire ce pur divers chaotique déchiré par des forces qu'est la *terre*. Et il anticipe *spontanément* ce fond indistinct et béant de l'étant comme ce qui, ne se donnant qu'en se dérobant en même temps, est *accueilli* à travers l'obscurité des sensations. Or, c'est une telle anticipation inconsciente de ce pur divers sous-jacent (de la *terre*) qui seule rend possible « ensuite » que l'étant soit reçu dans la perception, de manière non plus inconsciente mais implicite, en son *altérité* propre, comme ce qui se déploie de soi-même à partir de ce fond indistinct et dérobé. C'est pourquoi, l'homme et lui seul est ouvert au règne de l'étant *comme tel*, aux *phénomènes* au sens grec, alors que l'animal ne le

52. Martin Heidegger, *Qu'est-ce qu'une chose ?*, Paris, Gallimard, 1979, p. 214 à 229 (*Die Frage nach dem Ding* (GA 41), p. 209-226).

rencontre que dans l'horizon ouvert par le processus vital (comme utile ou nuisible).

Et il faut ajouter que l'imagination transcendantale anticipe simultanément, à travers les sensations, *l'intensité* de la puissance d'éclosion interne des phénomènes, c'est-à-dire le jeu des énergies cachées qui animent la matière. Elle anticipe ainsi, de manière latente ou inconsciente, *l'intensité* des sensations, c'est-à-dire leur *degré* d'intensité. En effet, « ...le pur *quid* de la brillance, le « de quelle grandeur » de la brillance, de la coloration, la *quantitas* de la *qualitas* est l'intensité »[53]. Et cette « grandeur intensive » est anticipée de manière *inconsciente* car elle est à chaque fois sommée dans l'instant. Cette intensité est imaginée comme manifestation du jeu des forces cachées qui constituent cette intériorité dérobée qui préside à la puissance d'éclosion souterraine portant le déploiement de l'étant. C'est ainsi que les sensations ne sont jamais seulement éprouvées comme un effet sur nous de la réalité, mais bien en même temps, comme manifestation de son rayonnement propre, de la profusion de son déploiement phénoménal, de l'intensité de sa présence comme telle. A

53. Martin Heidegger, *Qu'est-ce qu'une chose ?*, p. 223 (GA 41, p. 218).

travers la brillance des couleurs, la singularité des bruits etc., c'est la puissance d'éclosion cachée, qui préside à la venue en présence des phénomènes, qui se laisse pressentir de manière latente. Les anticipations de la perception sont, ainsi, ce par quoi seulement la perception humaine peut devenir, en termes kantiens, le lieu d'une *intuition sensible*, c'est-à-dire accueillir l'étant (à travers l'intensité des sensations) en *son* surgissement, en la profusion de *sa* venue en présence *propre* comme telle, en sa « carrure » et son épaisseur de présence. Heidegger découvre donc en 1935, encore sous l'influence de Kant, qu'il est un sens plus profond et *implicite* de la perception humaine, irréductible à tout acte intentionnel de visée perceptive - et qui opère donc secrètement à même la préoccupation affairée (*Besorge*) - par lequel nous sommes ouverts à l'étant comme règne surabondant des *phénomènes*. La question est alors maintenant celle de savoir comment le *Dasein* peut ainsi *anticiper* par un travail *a priori* de l'imagination le fond abyssal de la *physis* de manière à pouvoir s'ouvrir aux phénomènes.

C'est dans *Introduction à la métaphysique* (IV, 3), que Heidegger, très certainement inspiré par les *Anmerkungen* de Hölderlin, apporte la réponse en montrant comment cette œuvre d'art qu'est la tragédie grecque, dont le sens fondamental apparaît tout particulièrement dans le premier *Stasimon* de l'*Antigone* de Sophocle, exhibe l'essence du *Dasein.* Plus précisément, il montre que la tragédie permet de saisir le *Dasein* à partir « des abîmes obscurs de son être »[54], ce qui veut dire qu'elle exhibe ce qu'il y a de nécessairement caché en lui, ce qui se tient en retrait constituant son tréfonds. Cela signifie que la tragédie grecque, qui met en scène des personnages mythologiques appartenant à un passé immémorial, exhibe ce qui a toujours déjà eu lieu pour qu'il y ait *Dasein* et qui doit donc demeurer le plus souvent *latent* en lui. Quelle est donc cette dimension se tenant en retrait en l'homme comme *Dasein* et rendant compte de son essence ?

Dans le premier chœur d'*Antigone*, où se concentre l'essence de la tragédie telle que l'interprète Heidegger, l'homme est présenté comme étant originellement le plus inquiétant de tous les êtres (*to deinotaton*) en ceci qu'il s'identifie spontanément à la « puissance panique » de la Nature. Par un aspect secret de lui-même l'homme est donc identifié à l'être, porté par la puissance déracinante, inhumaine, inorganique et informe de la Nature, et ce de telle sorte qu'il va d'abord « se risquer à maîtriser

54. Martin Heidegger, *Introduction à la métaphysique*, p. 156.

l'être »[55], ce qui relève de l'*hubris*. Or, on le sait, l'essence même de la tragédie, qui culmine généralement dans la mort du héros, consiste à montrer l'échec de cette *hubris*, c'est-à-dire de l'effort démesuré de l'homme pour maîtriser l'être qui se brise sur la puissance « subjuguante » de celui-ci. Mais il faut bien comprendre le sens de cet échec. En effet, il ne signifie pas que l'identification à l'être est impossible, mais il montre bien plutôt que cette identification démesurée de l'homme à la puissance panique de la Nature s'accomplit en changeant de sens, c'est-à-dire dans et par une *inversion* de son sens originel. Elle prend, en effet, pour l'homme - qui dans son effort démesuré pour maîtriser l'être s'est brisé sur la surpuissance de celui-ci - les traits de sa propre négation, de sa propre « dissolution » en lui, ou confusion avec lui (avec son essence qui est la *terre*) dans la mort. L'identification du *Dasein* à la plénitude de l'être prend donc finalement les traits d'une confusion avec l'immédiateté informe de l'immanence, qui est non seulement ce dont il provient par la naissance et ce qu'il rejoindra dans la mort, mais qui est aussi un aspect permanent de son être, bien qu'il ne puisse pas le rejoindre. En effet, à l'instar de tous les étants, nous ne

55. *Ibid.*, p. 167.

sommes pas seulement des êtres individués, séparés, mais nous sommes aussi, c'est un autre aspect de notre être, *confondus* avec l'immanence du monde.

Il apparait donc finalement que la tragédie montre que, pour le *Dasein* compris en son essence la plus profonde et la plus cachée, « se trouver à la taille (...) de l'être... ne signifie rien d'autre que : renoncer à son propre être »[56], afin se confondre alors avec le fond informe de la nature dans et par la mort. Il faut toutefois bien comprendre un tel sens *mortifère* de l'action tragique, en laquelle, ainsi que Karl Reinhardt l'avait remarqué, se manifeste « l'ivresse face à l'effroyable, la délectation mêlée à l'horreur »[57]. En effet, à travers cela, la tragédie qui exhibe l'immémorial, *révèle*, met au jour, que l'homme dont l'*hubris* originelle s'est brisée sur la surpuissance de l'être, se caractérise secrètement par ceci qu'il *anticipe* (imagine) son « point de confusion » avec l'immanence, avec l'immédiateté de l'être, comme une *plénitude* impossible à rejoindre, sinon dans la mort. Elle montre donc, à travers l'action transgressive du héros, que le *Dasein* se tient en permanence *a priori*, et secrètement, ouvert dans et par une relation ambivalente faite de

56. *Ibid.*, p. 181.
57. Karl Reinhardt, *Sophocle*, Paris, Minuit, 1990, p. 176.

fascination et d'effroi, à cette plénitude éternelle à la fois toujours pressentie et cependant impossible à rejoindre. Telle est l'essence même du tragique qui est lié au caractère *indépassable* de la finitude.

On comprend alors pleinement pourquoi la tragédie exhibe quelque chose qui, le plus souvent, doit demeurer nécessairement *caché* dans le *Dasein.* Il appartient, en effet, en même temps, à l'essence de celui-ci de devoir *impérativement*, se défendre contre une telle fascination, contre la menace que représente pour lui une telle confusion mortifère avec la plénitude de présence de l'être. Il doit donc *contenir* cet excès inquiétant de la présence, cette fascination pour sa propre dissolution en l'être, en la tenant en retrait dans la latence et en assumant ainsi sa finitude de mortel (son « être-pour-la-mort »), c'est-à-dire l'individuation qui fait de lui, *en même temps* - par un autre aspect de lui-même - un étant fini jeté dans le monde, coupé de la plénitude de l'être et voué à la relance du projet. L'identification mortifère du *Dasein* à l'être, c'est-à-dire sa confusion avec la *plénitude* de la présence, sera donc seulement *imaginée* de manière latente en lui, c'est-à-dire anticipée à travers une distance essentielle de sorte qu'il se tiendra alors en permanence (mais généralement à son insu) dans le simple *pressentiment* de celle-ci.

Le théâtre tragique, dont le modèle, nous l'avons dit, est l'*Antigone* de Sophocle (chez Heidegger comme chez Hölderlin), exhibe, met au jour, cette tentation fondamentale mais habituellement cachée dans le *Dasein* qui le porte à regagner sa collusion inquiétante et habituellement cachée avec la dimension effrayante du sacré (de la *terre*), dans la mort. Elle constitue donc une *Darstellung*, déployée par l'imagination, dans et par laquelle cette collusion effrayante est à nouveau exhibée. En effet, dans la tragédie de Sophocle, Antigone désire profondément le sort que Créon va lui réserver en la faisant murer vivante dans son tombeau et elle se compare à la déesse Niobé qui fut changée en pierre. Elle veut finalement fuir la complexité conflictuelle du monde des vivants pour rejoindre la « paix » du monde souterrain des morts, pour s'y ensevelir et se confondre ainsi avec ce que Heidegger nomme la *terre* dans *L'Origine de l'œuvre d'art*. La tragédie montre ainsi comment l'homme est « ce qu'il y a de plus inquiétant » en ce sens qu'il n'est *pas seulement* un étant fini assumant son être jeté dans le monde et se vouant à une activité pragmatique, mais que de manière secrète, dans le tréfonds de son être, il s'identifie *simultanément* à l'être à travers une anticipation (par l'imagination) de sa confusion mortifère avec la Nature. L'homme entretient donc une relation fondamentale, faite d'un mélange de fascination et d'angoisse, avec la *plénitude* de la présence, il est au fond de lui-même, attiré, menacé et comme submergé par cette profusion, par cette immanence au monde avec laquelle il cherche à se confondre.

Une telle tendance, qui est une relation à l'impossible médiatisé par la mort, est le plus souvent totalement contenue et elle se tient en retrait dans l'existence quotidienne, recouverte par la relation pragmatique à l'étant. Or, cette anticipation par le *Dasein* de la plénitude mortifère de la présence étant rejetée dans la latence comme une profondeur inaccessible en lui, comme une altérité en lui, elle est par là même pro-jetée hors de lui, c'est-à-dire imaginée de manière latente comme un fond informe constituant l'arrière plan caché des phénomènes, des étants. Et il appartient à une telle ouverture implicite (par l'imagination) à la plénitude de la présence de pouvoir se manifester comme telle, mais toutefois dans certaines limites seulement et en des moments privilégiés. Elle se manifeste alors sous les traits d'une *expérience limite*, d'un simple *pressentiment* de la plénitude, au cours duquel l'homme se sent, en quelque sorte, comme submergé par l'excès de la présence englobante du monde. Or, il faut comprendre qu'une telle expérience, un tel pressentiment de la plénitude de la présence n'est rien d'autre que le *Da-sein* en l'homme. Il ne s'agit, en effet, de rien d'autre que de cette expérience fondamentale et bouleversante, propre au *Dasein*, de l'ouverture à la *physis* dans laquelle il est immergé, c'est-à-dire de cette ouverture à la plénitude éternelle et étrangement inquiétante de la présence que les Grecs présocratiques appelaient *Thaumazein.* Une telle expérience, dans et par laquelle l'homme se sent atteint par *l'excès de la présence*, par la surmesure de la *physis*, c'est-à-dire par laquelle il se sent, dans une expérience limite, comme submergé par l'excès de la présence et qui constitue le *Da-sein* en lui, est ainsi rendue possible par le tragique. Elle constitue l'essence même de l'*Aletheia*, qui au plus profond est une épreuve de l' « é-vidence » aveuglante et subjuguante de la présence en sa profusion.

C'est lors de son voyage en Grèce en 1962, au cours de sa visite de l'île de Délos (dont le nom signifie en grec « l'Evidente », « l'Apparente » ou « la Manifeste ») que Heidegger eut en effet la révélation définitive de ce qu'est l'*Aletheia* comme épreuve de la *physis* en tant qu'elle est ce qui jamais ne décline. « Délos, écrit-il, ainsi s'appelle l'île : l'Evidente, l'Apparente qui rassemble tout dans son évidence, qui en paraissant abrite tout en *un* présent ». Et il ajoute un peu plus loin : « Grâce à l'expérience de Délos et à elle seule, le voyage en Grèce se transforma en séjour et s'établit à demeure dans la lumière de ce qu'est *l'Aletheia.* C'est qu'elle est elle-même le domaine de l'abri d'où l'étant se déclôt, qui accorde séjour : à la *physis*, au pur surgissement abrité en soi des montagnes et des îles, du ciel et de la mer, de la végétation et de la faune, au surgissement par lequel chaque étant apparaît chaque fois avec sa figure rigoureusement profilée mais non moins libre et douce »[58]. La dimension de retrait, de voilement qui déploie l'éclaircie de la « non-occultation », doit être comprise comme ouverture à une puissance d'éclosion réservée qui « sourd » et se laisse pressentir, c'est-à-dire comme l'épreuve d'une intense présence sous jacente qui « irradie » et pourrait menacer de tout submerger. C'est pourquoi l'*Aletheia* n'est pas encore *pleinement* comprise lorsqu'elle est prise en vue comme « la réciprocité adverse de l'éclaircie et de la réserve » (ainsi qu'il est dit dans *L'Origine de l'œuvre d'art*), car la réserve appartient à

58. Martin Heidegger, *Séjours*, Paris, Le Rocher, 1992, p. 49 et 57.

l'éclaircie et lui donne son intensité, son rayonnement, sa « carrure ». C'est ce que Heidegger affirme dans les *Séminaires de Zurich* : « l'occultation, écrit-il, appartient à l'éclaircie, ... l'occultation est une forme particulière de l'être-éclairé »[59]. L'*Aletheia* est ouverture à cette « panique de l'être » qu'évoque, nous l'avons vu, Jean Beaufret à propos de Parménide et qui est la plénitude de présence de la *physis*. C'est pour cela qu'à la fin de son dernier séminaire, le *Séminaire de Zähringen*, Heidegger a tenu à corriger ce qu'il avait dit précédemment, en particulier dans *La Fin de la philosophie et la tâche de la pensée* (1964). Si on lit bien Parménide, dit-il en substance, il faut reconnaitre que ce n'est pas la *Léthé* qui constitue le cœur véritable de l'*Aletheia*, mais bien la permanence de la venue en présence, et ainsi *l'ouverture* au règne de cette présence en sa profusion dont la *Léthé* n'est qu'une guise[60]. L'*Aletheia* est bien, en son essence même, la « non-occultation » de la présence.

Ce n'est donc qu'en apparence (sur la base d'une mésinterprétation qui trouve son origine chez Aristote) que la tragédie a un sens seulement négatif. En effet, la possibilité (éminemment positive) de l'ouverture ek-

59. *Op. cit.*, p. 252. Traduction modifiée.
60. Martin Heidegger, *Op. cit.*, in *Questions IV*, 1976, p. 334 et sq.

statique du *Dasein* aux phénomènes, c'est-à-dire à la plénitude englobante de la présence, repose, nous venons de le voir, sur le tragique en tant qu'il constitue son essence même. Cette possibilité repose sur le fait que le *Dasein* n'est pas seulement un mortel en projet assumant son « être-jeté » au beau milieu de l'étant mais que, par un travail inconscient de l'imagination transcendantale, il anticipe (et peut ainsi approcher) sa propre confusion/identification *impossible* (inaccessible) avec le fond chaotique de la nature, lequel constitue en même temps l'omniprésence, la plénitude de présence, dans laquelle il est baigné, mais qu'il ne rejoindra totalement que dans la mort. Or, c'est une telle anticipation, laquelle est à l'œuvre à même les sensations, qui rend compte des anticipations de la perception, telles que Heidegger les interprète. Le *Da-sein* en l'homme est donc rendu possible par cette capacité ek-statique, qui lui est propre, de dévoiler, dans la perception puisant à l'obscurité (et à l'intensité) du purement senti, le monde (l'ensemble des étants dont il participe) *du point de vue* de son propre fond informe inapprochable, avec la plénitude duquel il se confond par un aspect dérobé et inaccessible de son être. Le *Dasein* qui s'ouvre ainsi, dans une expérience limite, à la plénitude de la présence, se tient alors implicitement sous le « regard » à distance, à la fois bouleversant et insoutenable, de l'être. Or, c'est sur une telle base, nous l'avions déjà suggéré, qu'il faut, nous semble-t-il, comprendre le sens de la *Kehre*. A partir du milieu des années trente Heidegger a compris que ce n'est pas le *Dasein* comme ipséité et projet qui s'ouvre à l'être, mais qu'il est en lui une ouverture *latente* et préalable à l'étant en son être (plus profonde que son ipséité), qui est l'essence de l'*Aletheia*, par laquelle il « laisse » d'abord celui-ci *se* dévoiler de son propre point de vue insondable et comme ce en quoi il se trouve situé. Il apparait alors que le *Dasein* a pour essence même de se tenir de manière latente sous le « regard » insoutenable de l'être.

Un tel dévoilement du règne des phénomènes, de la *physis* comme « surabondance de la plénitude » dans une perception « non intentionnelle », puisant à l'obscurité des sensations, est, disions nous, nécessairement *latent* et dans la vie quotidienne il est totalement recouvert et tenu en retrait par l'activité pragmatique qui fait apparaître l'étant comme réseau ustensilier, comme *Zuhandene*. Et il faut ajouter qu'il appartient au comportement quotidien (à la *Besorge*) de se méconnaître lui-même en se mésinterprétant comme relation extérieure à l'étant conçu comme *Vorhandene*. Or, une telle épreuve, habituellement latente, de la profusion phénoménale et englobante de la *physis* est la définition même de la beauté. Dans *Terre et ciel* de Hölderlin, Heidegger écrit ceci : « La beauté, c'est l'épreuve grecque de la vérité, à savoir la libération hors du retrait de ce qui entre de soi-même en présence : la *physis*, cette « nature » dans laquelle et à partir de laquelle vivaient les Grecs »[61]. On ne saurait mieux dire que la beauté est et n'est rien d'autre que l'expérience de la phénoménalité comme telle. Voici, en effet, ce qu'écrit Heidegger dans *Le Principe de raison* à propos de l'éclosion « sans pourquoi » de la rose évoquée dans les vers célèbres d'Angelus Silésius : « La floraison est fondée en elle-même, a sa raison avec et en elle-même. Elle est pure éclosion hors de soi, pur éclat de ce qui brille. « Mais ce qui est beau brille en soi-même bienheureux » - dit Mörike dans le dernier vers de sa poésie « Sur une lampe ». La beauté n'est donc pas une qualité, une parure qui viendrait s'ajouter à ce qui est. La beauté est un mode suprême de l'être, c'est-à-dire ici : pure éclosion hors de soi, pur paraître et briller. Les plus anciens penseurs grecs disaient *Physis* »[62]. La beauté n'est donc rien d'autre que le paraître lorsqu'il est à son comble, c'est-à-dire la

---

61. *Op. cit.*, in *Approche de Hölderlin*, p. 208.
62. *Op. cit.*, p. 142.

phénoménalité même. C'est ce que Platon savait encore puisqu'il définit la beauté, dans le *Phèdre*, comme *Ekphanestaton*[63]. Mais pour lui cet éclat exceptionnel du paraître conduit vers un au-delà intelligible, alors que pour la pensée grecque originelle il se confondait, au contraire, avec l'expérience même de la *présence* de ce monde-ci en son rayonnement propre, en son autosuffisance. « Pour les Grecs, dit Heidegger, *On* et *Kalon* disent la même chose »[64]. La beauté n'est rien d'autre que l'épreuve de l'intensité de la présence des choses en tant qu'elle se montre à nous *comme telle*. Or, s'il est vrai que cet éclat du paraître demeure cependant en retrait dans l'existence quotidienne, il revient à cette *techné* par excellence qu'est l'art de le mettre au jour. Il faut alors concevoir l'art comme « mise en œuvre » de la beauté. C'est en effet ce que Heidegger montrera dans *L'Origine de l'œuvre d'art* : l'œuvre d'art a pour tache propre d'exhiber la phénoménalité de la *physis* - l'ouverture du monde en tant qu'elle puise à cette dimension retirée qu'est la *terre* - en la « pro-duisant », en le « mettant en œuvre ». Il apparait alors que la phénoménologie comprise en son sens radical

---

63. Concernant l'*Ekphanestaton*, *cf.* Martin Heidegger, *La Question de la technique*, in *Essais et conférences*, p. 47.
64. Martin Heidegger, *Introduction à la métaphysique*, p. 140.

s'accomplit finalement comme *redécouverte* et approche de cette forme originaire de mise au jour des phénomènes qu'est l'œuvre d'art (dont l'essence est poésie).

Il ne s'agit donc pas de se rapporter aux Grecs de manière nostalgique, mais de *libérer* ce qui est demeuré impensé chez eux afin de se *tourner* vers l'approche poétique et artistique du réel, en sa pérennité, dont Hölderlin Char et Cézanne, par exemple, sont d'éminents représentants. La phénoménologie, en son sens originaire, débouche alors sur une éthique comprise comme cette « habitation poétique » permettant une ouverture, dans et par la finitude et à travers la perception, au règne bouleversant (étrangement inquiétant) de la présence, aux phénomènes comme « surabondance de la plénitude ». Heidegger, on le sait, comprend en même temps cela comme la sérénité que procure la simple ouverture à la « libre étendue » de la Contrée. « La Contrée, écrit-il, comme si rien ne se produisait, rassemble toutes choses, les mettant en rapport l'une avec l'autre et toutes avec toutes ; elle les ramène à reposer en elles-mêmes et à demeurer en ce repos »[65]. Il s'agit donc de s'ouvrir à cette plénitude, et cette « légèreté », du règne englobant de la

65. Martin Heidegger, *Pour servir de commentaire à Sérénité*, in *Questions III*, Paris, Gallimard, 1980, p. 193.

présence, du pur « il y a » qui est là « sans pourquoi », en deçà de tout sens, et ce de manière à *éprouver* finalement qu' « ...au fond le plus secret de son être, l'homme n'est véritablement que s'il est à sa manière comme la rose – sans pourquoi »[66].

L'ouverture originelle à l'être, qui est fondamentalement poétique, est ainsi à la fois une épreuve de l'excès de la présence *et* une ouverture à la « légèreté » de celle-ci en tant qu'elle se déploie sans raison dans la pure béance de l'Ouvert. Tel est le sens double du *thaumazein*, qui porte l'expérience grecque originelle de l'être, dans lequel l'ouverture au caractère abyssal, insaisissable et « béant » de la *physis* vient en quelque sorte contrebalancer l'épreuve de l'intensité « étrangement inquiétante » de sa présence. Or, s'il est vrai que l'habitation poétique du monde nous ouvre ainsi à l'être tout en nous protégeant de l'intensité de sa présence, alors il faut attendre d'elle aujourd'hui qu'elle nous protège du péril représenté par la technique planétaire car ce péril constitue bel et bien une *menace* provenant de l'être lui-même.

66. Marin Heidegger, *Le Principe de raison*, p. 108.

Quatrième partie

Le règne de la technique planétaire comme « surexposition » à l'être

Le règne de la technique planétaire a été préparé par une « mutation ontologique » qui a eu lieu chez les Grecs et qui est exhibée dans et par l'histoire de la métaphysique. Il s'agit d'une *dénégation* du sens originel de la présence, en tant qu'elle est insondable et englobante, prenant les traits d'une conception de celle-ci comme présence *constante*, « sous les yeux », c'est-à-dire comme disponible pour la pensée. Cette mutation ontologique est en fait la radicalisation et la généralisation de l'illusion propre à l'attitude naturelle, c'est-à-dire de l'ontologie de la *Vorhandenheit*. Elle apparaît chez Platon et Aristote et elle culmine dans la métaphysique moderne de la subjectivité, laquelle ne fait qu'exhiber ce que Jean-François Marquet a appelé, dans son commentaire de la *Phénoménologie de l'esprit* de Hegel, l' « idéalisme inconscient » de l'homme moderne[67]. Cet idéalisme

67. Jean-François Marquet, *Leçons sur la Phénoménologie de l'esprit de Hegel*, Paris, Ellipses, 2004, p. 132.

inconscient se manifeste dans le fait que pour l'homme des Temps Modernes, le monde extérieur est, *en apparence*, reconnu en son altérité propre, alors qu'il est en fait considéré comme *son* monde, se réduisant à des lois mathématiques, c'est-à-dire aux lois de la pensée et n'est donc là que pour être exploité et maîtrisé par la technique scientifique. Déniant sa propre finitude, l'homme se place ainsi au centre de l'étant, dans et par la Raison, laquelle apparait finalement comme étant au service d'une auto-affirmation inconditionnelle de la vie. La conception de l'être comme présence constante, qui apparait chez les Grecs et qui est exhibée par l'histoire de la métaphysique culminant dans la métaphysique de la subjectivité, s'accomplit donc nécessairement dans le règne de la technique planétaire

Le règne de la technique moderne, c'est-à-dire de l'Arraisonnement, est ainsi secrètement porté, ainsi que l'a écrit Jean-Luc Marion, par une « ontologie par dénégation ». Il s'agit d'une *dénégation radicale* de cette ouverture, dans et par la finitude, au règne surabondant des phénomènes puisant à un fond inorganique informe et béant, c'est-à-dire de cette ouverture au règne « innocent » des *choses*, de ce qui est là pour rien et, entrant en présence sans raison, se dépense en pure perte.

« L'Arraisonnement, écrit Heidegger, cache surtout cet autre dévoilement qui… fait apparaître la chose présente. Comparée à cet autre dévoilement, la mise en demeure provocante pousse dans le rapport inverse »[68]. Voici alors ce qu'écrit Heidegger dans *La parole d'Anaximandre* : « L'homme est sur le point de se jeter sur la terre tout entière et sur son atmosphère, d'usurper et de s'attacher, sous forme de « forces », le règne secret de la nature, et de soumettre le cours de l'histoire à la planification et à l'ordonnance d'un gouvernement planétaire. Ce même « homme révolté » est hors d'état de dire en toute simplicité ce qui *est*, de dire *ce que* cela *est* qu'une chose *soit*. L'entier de l'étant est devenu l'unique objet d'une unique volonté de conquête. La simplicité de l'être est ensevelie en un seul et unique oubli »[69]. Il s'agit de faire en sorte que tout soit contrôlé rationnellement et au service de la vie, l'homme se comprenant lui-même comme l'être vivant qui compte, qui calcule. Se met alors en place une « mobilisation totale » au plan planétaire qui somme impérativement tout un chacun de participer activement et collectivement à la construction d'un

68. Martin Heidegger, *La question de la technique*, in *Essais et conférences*, p. 37.
69. *Op. cit.*, in *Chemins qui ne mènent nulle part* , p. 449.

bonheur identique pour tous. Or, cette dénégation de l'ouverture originelle à l'être (se manifestant *comme* ce qui se tient en retrait), par laquelle le *Da-sein* libère, afin de les capter, de les contrôler et de les mettre au service de la vie humaine normalisée et sécurisée, les énergies constitutives du fond chtonien de l'étant va conduire en réalité à une insurrection de ce fond (auquel il est secrètement identifié) qui subvertira finalement la vie depuis l'intérieur et la tiendra sous sa menace. Le *Dasein* a ainsi renoué avec son *hubris* originelle. Tel est le sens véritable de la méditation de Heidegger sur la technique moderne qui veut dénoncer l'illusion humaniste de la domination triomphante de la terre par l'homme. L'homme est et demeure *Da-sein*, il est toujours, par essence, exposé à la présence subjuguante de l'être, de sorte que le règne moderne de la subjectivité n'est qu'une illusion ontologique qui cache en réalité une « surexposition » menaçante à l'être laquelle risque de subvertir notre monde depuis l'intérieur. L'« oubli » de l'être relève ainsi, paradoxalement, d'un excès de présence de celui-ci.

En effet, la dénégation et finalement la disparition de cette *phénoménalité* latente et paradoxale de l'être dans le *Da-sein* (lequel se montrait *comme* ce qui se tient en retrait) qui préparait le dévoilement du règne englobant de l'étant, est en fait secrètement portée par l'insurrection inapparente et silencieuse de celui-ci qui sort de sa latence pour subvertir la vie depuis l'intérieur et pour dévorer l'étant. Lorsque l'être est dénié et qu'il ne se montre plus (comme ce qui se tient en retrait), il se déchaîne alors de manière inapparente comme « malignité de la fureur (*Bösartigen des Grimmes*)»[70]. En effet, le fond informe de la *physis* (les énergies cachées en celle-ci), que la techno-science tire de sa retraite en croyant le dompter, risque de la subvertir et de se déchaîner, dévastant la réalité. Lorsqu'en l'homme, la vie prétend s'affirmer de manière inconditionnelle à l'aide de la Raison, un renversement paradoxal s'opère qui tend à libérer, *aussi bien en l'homme que dans la nature*, les puissances irrationnelles qui vont le menacer. C'est ainsi que la mise en place de la civilisation mondiale s'accompagne du déchaînement de la violence, c'est-à-dire d'une guerre civile planétaire, et que la captation des énergies de la terre, libère celles-ci et conduit à sa dévastation. L'homme est alors menacé par les puissances chtoniennes de l'être, de la *physis*, qu'il croyait avoir domptées (car il en déni la puissance

70. Martin Heidegger, *Lettre sur l'humanisme*, Paris, Aubier, 1977, p. 137.

subjuguante), alors même qu'il ne fait que les libérer. En ce sens, particulièrement inquiétant et menaçant pour lui, l'homme est toujours le « là » de l'être. Or, c'est seulement en prenant toute la mesure du péril ontologique qu'il véhicule, qu'il sera *peut-être* possible de « dépasser » (au sens d'une *Aufhebung*) ce règne planétaire du *Gestell*. Ainsi que Hölderlin l'avait vu c'est au poète hespérique, au sein même de la nuit de la modernité (prise en vue comme telle), qu'il revient de rendre à nouveau possible l'habitation du monde dans et par la finitude et l'ouverture (dans une distance essentielle) à ce miracle de l'omniprésence que les anciens Grecs avaient nommés *physis*. Et c'est cette possibilité d'une habitation poétique que la pensée doit maintenant préparer. Voici, en effet, ce qu'écrivait Heidegger à Eugen Fink en 1966 : « Le commencement de la pensée occidentale chez les Grecs a été préparé par la poésie. Peut-être la pensée doit-elle désormais commencer à ouvrir au dire poétique l'espace libre du temps grâce auquel advienne, à travers la parole poétique, de nouveau un monde qui parle »[71].

71. Martin Heidegger, *Les Concepts fondamentaux de la métaphysique*, Appendice, Paris, Gallimard, 1992, p. 529.

Conclusion

Est-il possible de pousser plus avant l'élucidation du sens originel de l'être comme présence que s'efforce de regagner Heidegger ? Pour ce faire, écoutons ce qu'il écrivait à propos de l'ouverture à l'être propre aux Présocratiques - qui, souvenons-nous, en ont perçu « en un éclair » le sens originel et qui sont donc « les plus grands penseurs » - dans la conférence de Cerisy-La-Salle de 1955 :

« Tout l'étant est en l'être. Voilà qui résonne à notre oreille d'une manière triviale sinon offensante. Car de cela que l'étant à son appartenance dans l'être, nul n'a besoin d'avoir cure. Tout le monde le sait bien : étant est ce qui est. Quelle autre issue y-a-t-il pour l'étant que celle-ci : être ? Et pourtant : justement ceci que l'étant demeure recueilli en l'être, que l'étant apparaît dans la lumière de l'être, voilà ce qui plaça les Grecs, et eux d'abord, et eux seuls dans la dimension de l'étonnement. L'étant recueilli dans l'être, voilà qui devint pour les Grecs, le plus étonnant »[72].

Ce texte est tout à fait remarquable en ceci qu'il montre que le sens originel de l'être est bien pensé par Heidegger à partir du *mot être* tel qu'il « court » dans la langue (et qu'il la porte) et donc conformément à ce que préconisait l'Introduction de *Sein und Zeit*. Or, dans la langue courante, en français comme en allemand, « être » veut, certes, dire présence mais au sens précis d'*existence*. Que Heidegger ait explicitement rejeté ce sens de l'être, qu'il l'ait considéré comme non originaire, dans *Introduction à la métaphysique*, cela relève du clivage de sa pensée qui n'assume pas l'ontologie vers laquelle elle est conduite[73]. Car, ainsi que nous allons l'établir l'ontologie de la *physis* qu'il a développé en regagnant la pensée grecque ancienne et comme réponse à sa question de l'être, est bel et bien (en un sens particulier) une ontologie de l'existence.

Si, comme le préconise Heidegger dans l'Introduction de *Etre et Temps*, le sens originel de l'être, en tant qu'essence ou encore fondement de l'étant, est

---

72. Martin Heidegger, *Qu'est-ce que la philosophie ?*, in *Questions II*, p. 21.
73. Martin Heidegger, *Sur la grammaire et l'étymologie du mot « être »*, in *Introduction à la métaphysique*, p. 74.

pensé à partir du *mot « être »* de la langue, lequel veut dire existence, voici alors ce que cela signifie. Cela veut dire que l'étant apparaît originellement en tant qu'il *est* (sans raison), parce qu'il est, d'abord « porté », déployé, par la pure et simple « position » d'un gisement de présence sous jacent et dérobé, qui lui-même est là « sans raison » (sans fond), qui est donc à la fois informe et « béant » (et que désigne de manière inapparente, le mot « être »). C'est ce qu'Anaximandre avait mis au jour, dans son interprétation de la *physis*, en disant que les étants se font place successivement dans le temps, en ce sens qu'ils proviennent de l'*apeiron* avant de retourner s'y perdre. Or, une telle ouverture à l'étant (aux choses différenciées et organisées) comme *participant* de l'altérité d'une présence irrationnelle irréductible (sans fond) et toujours déjà là, est éminemment étonnante mais elle est cependant déniée et recouverte dans l'existence quotidienne. C'est pourquoi, ceci : « que l'étant *est* », passe généralement pour une évidence vide. C'est donc en secret que parle le mot être.

Dans et par le verbe être qui « court » dans la langue et qui la porte, nous sommes donc, en tant que *Dasein*, *secrètement ouverts*, à travers les sens, à un règne de la présence des étants qui apparaissent comme portés par le déjà là d'un fond informe déchiré en lui-même,

« béant » et donc dérobé, *insaisissable*, qui ne peut être qu'imaginé et pressenti à travers les sensations. Les étants ne nous apparaissent donc pas seulement comme arbre, montagne, etc., mais, *en même temps*, de manière implicite, comme la manifestation particulière et déterminée d'un règne de la présence informe, qui est pure existence, qui est là pour rien. Comprise en son sens originel, la pensée (qui est d'abord imagination) a donc pour essence d'ouvrir, de renvoyer, à l'altérité d'une présence indistincte irréductible (qui la précède et l'excède) pour la dévoiler *comme telle*. Cette présence sous jacente à l'étant (que Heidegger nomme la *terre* dans *L'Origine de l'œuvre d'art*) excède la pensée, lui est irréductible, non pas parce qu'elle aurait un sens caché, mais au contraire parce qu'elle n'a pas de sens du tout, qu'elle précède tout sens en son hétérogénéité foncière. L'ordre ontique du monde, des choses délimitées et organisées, offrant un « visage », renvoie donc à un fond ontologique insaisissable car informe, hétérogène et béant.

Toute ouverture à un monde, toute interprétation ultérieure de l'étant (toute autre ontologie) présuppose celle-là car elle est ce dans et par quoi l'étant apparaît originellement *comme* étant (en tant qu'il *est*), ce sans quoi il n'y aurait jamais eu d'étant (comme tel) pour nous. Or, toutes les interprétations ultérieures de l'étant, s'efforcent de recouvrir, de dénier celle-ci, parce qu'elle est fondamentalement liée au tragique et à la finitude. C'est ainsi que la métaphysique, chez Platon et Aristote va d'emblée *réduire* la présence à une présence constante « sous les yeux ». L'ouverture à ce règne de la présence comme pure existence, qui portait les Grecs anciens a, en effet, éveillé très vite une « horreur sacrée » que Schelling, à sa manière, a bien vue. Voici ce qu'il écrit : « l'être-là nu, sans considération de genre ni de forme, devrait nécessairement apparaître à celui qui le remarquerait comme un miracle et remplir l'esprit d'étonnement. C'est indéniablement cette remarque du pur être-là qui lors des premières tentatives pour la refouler, remplissait les esprits d'effroi et d'une sorte d'horreur sacrée »[74]. Une telle horreur sacrée devant l'existence en ce qu'elle a d'irréductible apparaît, par exemple, chez Sartre dans *La Nausée* à travers la fameuse expérience, vécue comme exclusivement effrayante et repoussante, de Roquentin face à la racine de marronnier. Toutefois cette expérience de l'existence demeure particulièrement intéressante, en dépit de son caractère insuffisant car exclusivement

74. F. Schelling, *Aphorismes sur la philosophie de la nature*, cité par Henri Maldiney in *Art et existence*, Paris, Klincksieck, 2009, p. 180.

négatif, parce qu'elle est en même temps directement issue des premières lectures que Sartre faisait de Heidegger dans les années trente, en particulier à travers les traductions d'Henri Corbin. Elle montre qu'il avait bel et bien pressenti (mieux que les commentateurs d'aujourd'hui) ce vers quoi s'orientait sa pensée. Voici donc quelques courts extraits qui résument l'essentiel de cette révélation de l'existence :

« Donc j'étais tout à l'heure au jardin public. La racine du marronnier s'enfonçait dans la terre, juste au dessous de mon banc… Et puis j'ai eu cette illumination, ça m'a coupé le souffle. Jamais avant ces derniers jours je n'avais pressenti ce que voulait dire « exister »… A l'ordinaire l'existence se cache… Quand je croyais y penser il faut croire que je ne pensais à rien, j'avais la tête vide, ou tout juste un mot dans la tête, le mot « être »… Et puis voilà : tout d'un coup, c'était là, c'était clair comme le jour : l'existence s'était soudain dévoilée. Elle avait perdue son allure inoffensive de catégorie abstraite : c'était la pâte même des choses…, la diversité des choses, leur individualité n'était qu'un vernis. Ce vernis avait fondu, il restait des masses monstrueuses et molles, en désordre, nues, d'une effrayante et obscène nudité (…). Cette racine avec sa couleur, son mouvement figé était…

au dessous de toute explication. L'essentiel c'est la contingence. Je veux dire que par définition l'existence n'est pas la nécessité. Exister, c'est *être-là* simplement ; les existants apparaissent, se laissent *rencontrer*, mais on ne peut jamais les *déduire*… Je savais bien que c'était le Monde tout nu qui se montrait tout d'un coup… On ne pouvait même pas se demander d'où ça sortait, tout ça, ni comment il se faisait qu'il existât un monde plutôt que rien. Cela n'avait pas de sens, le monde était partout présent, devant, derrière. Il n'y avait jamais rien eu avant lui »[75].

A travers son retour aux Grecs présocratiques, Heidegger cherche à rejoindre quelque chose d'universel en l'homme mais qui, depuis les origines de la métaphysique suscite l'horreur et l'effroi et qui est donc généralement rejeté et profondément enfoui. Il s'agit de l'ouverture originelle, et éminemment *positive*, de l'homme en tant que *Dasein* à l'étant en son être comme règne du déjà là irréductible d'une présence informe, qui est là sans raison, au sein duquel il est jeté et qui n'est rien d'autre que le *monde*. Et si cette expérience est fondamentalement *positive* c'est qu'il s'agit à travers elle

75. *Op., cit*, Paris, Gallimard, 2004, p. 181-191.

de regagner ce pressentiment de la *plénitude* dans et par la finitude même, en tant qu'elle est celle-là même de *ce monde-ci* dans lequel nous sommes jetés, et qui est le seul et unique monde. Ainsi, Heidegger fut logiquement conduit, dans et par sa méditation sur la *physis*, à ne plus subordonner la pensée du monde à celle de l'être, mais bien plutôt à penser l'être comme monde[76]. L' « oubli », le rejet, d'un tel sens originel de l'être, c'est-à-dire la détermination de celui-ci comme présence constante, « sous les yeux », disponible, va alors engager l'homme dans une quête frénétique et interminable : d'abord la quête d'un au-delà intelligible ou divin éternel, puis plus tard, lorsque l'homme aura en quelque sorte remplacé Dieu, dans cette tâche infinie (et paranoïaque) qu'est l'arraisonnement total de l'étant. Il apparaît alors que l'ontologie de la présence constante est concomitante d'un refus de la finitude pourtant indépassable de notre « être-dans-le-monde », et donc d'une insatisfaction permanente qui, paradoxalement génère, sous différentes formes, une fascination pour l'absence (c'est-à-dire pour ce qui est inaccessible). Il s'agit toujours de renier notre « être au monde » et donc d'une manière ou d'une autre de « fuir

76. Françoise Dastur, *Heidegger et la question anthropologique*, Peeters-Louvain, 2003, p. 99.

d'ici bas » au lieu de *rétrocéder* vers l'habitation au sein de ce règne de la « présence silencieuse » du monde en son étrangeté irréductible. C'est pourquoi il faut, suivant le mot célèbre de Hölderlin, « retourner le désir de quitter ce monde pour l'autre en un désir de quitter un autre monde pour celui-ci »[77]. C'est, nous avons essayé de le montrer, un tel programme que tente de réaliser la philosophie de Heidegger comprise jusqu'à son impensé.

77. Friedrich Hölderlin, *Remarques sur Antigone*, in *Œuvres*, Paris, Gallimard, La Pléiade, 1989, p. 962.

TABLE DES MATIÈRES

Philosophie aux éditions L'Harmattan

Dernières parutions

ÉTUDES SUR LE XVIIIE SIÈCLE
Montesquieu et Rousseau ou les conditions de la liberté
Ghorbel Hichem
Le problème fondamental des philosophes des Lumières est d'assurer la liberté des citoyens. Si concrète qu'elle soit, la liberté prônée par Montesquieu et Rousseau demeure limitée et régionale. Elle rencontre des obstacles d'ordre naturel et culturel qui empêchent son effectuation mondiale et bloque son extension universelle.
(Coll. Commentaires philosophiques, 27.00 euros, 258 p.)
ISBN : 978-2-336-29158-1, ISBN EBOOK : 978-2-296-51625-0

FEMMES, FÊTES ET PHILOSOPHIE EN GRÈCE ANCIENNE
Acker Clara
Ce livre est centré sur les rapports entre religion et philosophie en Grèce antique. Il s'agit en particulier de dégager les fondements philosophiques du rituel féminin des bacchantes et de montrer comment celui-ci trouve un écho dans la vie quotidienne des Grecs, théâtre compris, et un prolongement dans les doctrines philosophiques, notamment dans les textes des philosophies pythagoriciennes, dans le platonisme, par la voix de Diotime, et dans le stoïcisme.
(18.00 euros, 184 p.)
ISBN : 978-2-336-00608-6, ISBN EBOOK : 978-2-296-53035-5

POUR UNE ANTHROPOLOGIE LOGIQUE DU DISCOURS POSTCOLONIAL – Du point de vue de la littérature antillaise
Alaric Alexandre
Interroger le discours postcolonial du point de vue de l'anthropologie logique, revient à considérer ce que toutes les autres anthropologies de la littérature antillaise laissent dans l'ombre. Cet essai est une tentative d'ouverture vers le nouvel enseignement de la représentation discursive que ces discours délivrent. À cet effet, il réexamine les usages des traces et des fragments des grandes approches linguistiques et logiques.
(Coll. Ouverture Philosophique, 26.00 euros, 250 p.)
ISBN : 978-2-336-00706-9, ISBN EBOOK : 978-2-296-51684-7

MÉTAPHYSIQUE POUR UN NOUVEL EXISTENTIALISME
Nerrière Aristide
L'espace de la métaphysique, depuis Kant, demande à être reconquis. Après Schopenhauer et Nietzsche, on sait combien la notion de transcendance est

redevenue une priorité. Comment par exemple cautionner la doctrine sartrienne selon laquelle l'existence doit précéder l'essence ? L'heure est donc arrivée d'éclairer et de conforter quelque peu notre époque en proie à une certaine déshérence. En somme, une nouvelle métaphysique, susceptible de générer un existentialisme ou un humanisme beaucoup plus fécond et heureux.
(Coll. Commentaires philosophiques, 25.00 euros, 244 p.)
ISBN : 978-2-336-00542-3, ISBN EBOOK : 978-2-296-51589-5

FIN (LA) DE LA MODERNITÉ SANS FIN
Hillaire Norbert
Pour beaucoup, la modernité est ce temps au cours duquel, comme l'écrit Mallarmé, «un présent fait défaut». La modernité ou cet emportement irrépressible du temps vers «le nouveau», qui a pour corrélat la perte d'une certaine qualité de notre rapport à l'espace. Cet ouvrage interroge, à travers les relations entre les arts et les sciences, l'architecture et le design dans la culture numérique, ou encore l'art contemporain et l'entreprise, cette involution du temps sur lui-même propre à notre époque.
(Coll. Ouverture Philosophique, série Esthétique, 21.50 euros, 220 p.)
ISBN : 978-2-336-00854-7, ISBN EBOOK : 978-2-296-51554-3

ÉTERNEL (L') DANS LE FINI
Rencontre de Maître Eckhart et de Simone Weil
Riviale Philippe
Autrefois, Maître Eckhart enseigna que le divin est en nous. Puis vint Simone Weil : mieux vaut, dit-elle, ne pas croire en Dieu que prétendre le connaître, pis encore lui parler. Il est en nous une liberté absolument inconditionnée, sans esprit de puissance ni de restitution, qui mène à la découverte du divin dans le moi, à l'instant où le moi s'efface et s'offre à l'être qui l'accueille. La vie tient en nous : ni illusion ni superstition ; ni élection ni châtiment.
(Coll. Ouverture Philosophique, 27.00 euros, 264 p.)
ISBN : 978-2-343-00172-2, ISBN EBOOK : 978-2-296-52997-7

DIVERSITÉ CULTURELLE ET FIGURES DE L'HÉTÉROGÉNÉITÉ
Sous la direction de Georges Navet et Susana Villavicencio
Qu'est-ce que la diversité culturelle au présent ? Tout se passe comme si le divers avait changé de statut et devenait, à l'heure où l'omniprésence de l'*homo oeconomicus* pousse en direction d'une homogénéisation, une notion incontournable pour la définition d'un éthos démocratique. Les auteurs ont pu constater qu'aucun modèle théorique issu de la tradition, notamment philosophique, n'est à la hauteur du défi.
(Coll. La philosophie en commun, 25.00 euros, 250 p.)
ISBN : 978-2-336-00699-4, ISBN EBOOK : 978-2-296-51534-5

PHILOSOPHIE (LA) CLASSIQUE AFRICAINE
Contre-histoire de la philosophie (tome I)
Mbongo Nsame
Cette étude renouvelle l'histoire de la philosophie et des idées en posant les bases d'une contre-histoire à partir des enseignements antiques, médiévaux et modernes fournis par l'expérience intellectuelle millénaire de l'Afrique noire. La question des débuts de la philosophie et de la définition du

concept est repensée. Enfin, il nous est donné de faire connaissance avec les plus grands penseurs de la philosophie classique africaine et avec leurs travaux.
(Coll. Harmattan Cameroun, série Problématiques africaines, 32.00 euros, 312 p.)
ISBN : 978-2-336-00923-0, ISBN EBOOK : 978-2-296-51705-9

PERSONNALITÉ (LA) PHILOSOPHIQUE DU MONDE NOIR
Contre-histoire de la philosophie (tome 2)
Mbongo Nsame
Une certaine « Afrique traditionnelle » a été inventée par l'ethnologie coloniale et la pensée impérialiste pour justifier l'injustifiable et masquer les pires horreurs de l'histoire. L'idée de contre-histoire de la philosophie africaine remet radicalement en cause le mythe d'une certaine «Afrique traditionnelle». Voici une contre-histoire qui met la philosophie africaine en position de pouvoir contribuer à la reconstruction de la «civilisation négro-africaine».
(Coll. Harmattan Cameroun, série Problématiques africaines, 33.50 euros, 326 p.)
ISBN : 978-2-336-00924-7, ISBN EBOOK : 978-2-296-51707-3

PHILOSOPHIE (LA) NÉGRO-AFRICAINE DE L'EXISTENCE
Herméneutique des traditions orales africaines
Fouda Basile-Juléat - Avant-propos de Jacques Chatué
L'oeuvre, pensée comme une tentative de détermination d'un «fonds de sens» susceptible de réappropriations différentes, est le fruit d'une recherche approfondie des traditions orales africaines. Dans sa démarche, l'auteur traverse remarquablement le triple brouillage des codes culturels eux-mêmes, de l'acculturation coloniale, ainsi que du particularisme des études ethnologiques et philosophiques alors disponibles.
(Coll. Pensée Africaine, 27.00 euros, 258 p.)
ISBN : 978-2-336-00931-5, ISBN EBOOK : 978-2-296-51682-3

MÉTAPHYSIQUE ET TECHNIQUE MODERNE CHEZ MARTIN HEIDEGGER
Maidika Asana Kalinga Jules
L'histoire de la métaphysique, pense Martin Heidegger, est une histoire de l'oubli de l'Être. La technique moderne opère dans le vide de l'Être, dans la pénurie de l'Être et éloignée de l'Être. La technique moderne est un mode de dévoilement dans ce sens qu'elle provoque la nature. Dès lors, l'essence de la technique, pense Heidegger, n'est rien de technique, elle est l'arraisonnement.
(Coll. Pensée Africaine, 25.00 euros, 252 p.)
ISBN : 978-2-296-99815-5, ISBN EBOOK : 978-2-296-53036-2

LIBERTÉ DE DIRE
Kremer-Marietti Angèle
Liberté de dire parce que tel est l'apanage de l'humain, et qu'il feint parfois curieusement de l'ignorer. Avec cet ouvrage, est recherchée et dégagée la profonde et permanente «intention de signification» qui, au coeur des sociétés, anime tout langage et toute pensée de la philosophie de l'esprit dans son travail authentique de cognition et de communication, parti du peu probable ou du

probable pour envisager et actualiser le certain, édifiant l'action humaine pleinement réussie.
(Coll. Commentaires philosophiques, 13.50 euros, 118 p.)
ISBN : 978-2-336-00688-8, ISBN EBOOK : 978-2-296-51496-6

ENJEUX (LES) DE L'HISTOIRE DE LA PHILOSOPHIE EN FRANCE AU XIXe SIÈCLE – Pierre Leroux contre Victor Cousin
Rey Lucie
Selon la conception politique qu'il s'agit de défendre ou de légitimer, les usages de l'histoire de la philosophie s'avèrent très différents. Sur quels auteurs et quelles traditions les différents courants philosophiques du XIXe siècle prennent-ils appui, dans quel but ? Ces questions ont guidé la lecture des textes de Victor Cousin et de Pierre Leroux et de la polémique qui les oppose.
(Coll. La philosophie en commun, 47.00 euros, 478 p.)
ISBN : 978-2-336-00515-7, ISBN EBOOK : 978-2-296-51268-9

ESSAI D'INITIATION À LA PHILOSOPHIE
Ekouma Asseko Dieudonné
L'inaccessibilité du discours en philosophie ne concourt-elle pas à éloigner le grand nombre de la question incessante sur l'être et sur son action ? Le but de la philosophie se rend lisible : on observe, on s'étonne, on s'émerveille et on questionne. La philosophie est une purification de l'ignorance, une ascèse. Comprendre pour appréhender, mais questionner pour agir ensuite. Prendre conscience est le premier pas vers la connaissance.
(Coll. Pensée Africaine, 25.00 euros, 244 p.)
ISBN : 978-2-336-00514-0, ISBN EBOOK : 978-2-296-51236-8

MÉMOIRES ET IDENTITÉS
Rencontres et discussions entre Pascale Weber et Alain Berthoz, Daniel Lance, Alain Milon, Pascale Piolino, Bo Sanitioso
Regards croisés entre l'art contemporain, les sciences cognitives, les sciences de la communication, la psychologie sociale, la philosophie et la littérature
Weber Pascale
En art numérique, le dispositif immersif «Immémorial» de Pascale Weber cherche - en reproduisant, en évoquant, en simulant des souvenirs et des émotions - à nous inviter à appréhender le monde à plusieurs : peut-on se souvenir et penser hors de son corps, à partir d'autres corps, à partir d'un corps commun ? En se tournant vers des scientifiques, des neurocognitiens, des sociopsychologues et des philosophes, Pascale Weber tisse des liens entre recherches artistiques et d'autres domaines de la connaissance.
(19.00 euros, 190 p.)
ISBN : 978-2-336-00647-5, ISBN EBOOK : 978-2-296-51222-1

L'HARMATTAN, ITALIA
Via Degli Artisti 15; 10124 Torino

L'HARMATTAN HONGRIE
Könyvesbolt ; Kossuth L. u. 14-16
1053 Budapest

ESPACE L'HARMATTAN KINSHASA
Faculté des Sciences sociales,
politiques et administratives
BP243, KIN XI
Université de Kinshasa

L'HARMATTAN CONGO
67, av. E. P. Lumumba
Bât. – Congo Pharmacie (Bib. Nat.)
BP2874 Brazzaville
harmattan.congo@yahoo.fr

L'HARMATTAN GUINÉE
Almamya Rue KA 028, en face du restaurant Le Cèdre
OKB agency BP 3470 Conakry
(00224) 60 20 85 08
harmattanguinee@yahoo.fr

L'HARMATTAN CAMEROUN
BP 11486
Face à la SNI, immeuble Don Bosco
Yaoundé
(00237) 99 76 61 66
harmattancam@yahoo.fr

L'HARMATTAN CÔTE D'IVOIRE
Résidence Karl / cité des arts
Abidjan-Cocody 03 BP 1588 Abidjan 03
(00225) 05 77 87 31
etien_nda@yahoo.fr

L'HARMATTAN MAURITANIE
Espace El Kettab du livre francophone
N° 472 avenue du Palais des Congrès
BP 316 Nouakchott
(00222) 63 25 980

L'HARMATTAN SÉNÉGAL
« Villa Rose », rue de Diourbel X G, Point E
BP 45034 Dakar FANN
(00221) 33 825 98 58 / 77 242 25 08
senharmattan@gmail.com

L'HARMATTAN TOGO
1771, Bd du 13 janvier
BP 414 Lomé
Tél : 00 228 2201792
gerry@taama.net

640057 - Février 2016
Achevé d'imprimer par